DEUTSCH

Wege zum sicheren Sprachgebrauch

9

Sekundarstufe

Staatliche Regelschule
Erfurter Straße 10
99195 Riethnordhausen
Tel. / Fax 036204 / 5 09 08

Schuljahr	Name
2000/01	Werner, Toni
01/02	Florian Brück
02/03	Walther, S.
03/04	Blaubach, Tina

VOLK UND WISSEN VERLAG

Herausgeber: Bodo Friedrich

Autoren:
Hartmut Frentz, Bodo Friedrich, Eduard Haueis,
Marianne Heidrich, Günter Kempcke, Hermann Korte,
Marina Kreisel, Hartmut Küttel, Steffen Peltsch,
Bianca Ploog, Anja Rebbin, Birka Schmittke, Viola Tomaszek

ISBN 3-06-100975-2

1. Auflage
5 4 3 2 1 / 02 01 00 99 98
Alle Drucke dieser Auflage sind unverändert und im Unterricht parallel nutzbar.
Die letzte Zahl bedeutet das Jahr dieses Druckes.

© Volk und Wissen Verlag GmbH & Co., Berlin 1998
Printed in Germany
Redaktion: Inge Barthel
Illustrationen: Roland Beier
Einband und typografische Gestaltung: Gerhard Medoch
Gesamtherstellung: Offizin Andersen Nexö, Leipzig

Inhaltsverzeichnis

bezeichnet schriftliche Partnerarbeit

 bezeichnet mündliche Partnerarbeit

Mündliche und schriftliche Kommunikation

Mündliche Sprachhandlungen

Argumentieren

Argumentiert werden muss immer dann, wenn unterschiedliche Meinungen aufeinander treffen und die Gesprächspartner an einer Einigung interessiert sind. **Argumentieren** heißt, seinen Standpunkt darzulegen und zu begründen, mit dem Ziel, den Gesprächspartner umzustimmen und ihn für die eigene Meinung zu gewinnen.

a) Wie fühlen Sie sich in Gesprächssituationen, in denen Ihre Meinung auf Widerspruch stößt? Wie reagieren Sie gewöhnlich darauf?
b) Gibt es Situationen/Partner, in/von denen Sie Kritik annehmen? Welche sind das?
Wie muss Kritik, die Sie annehmen, vorgetragen werden?

1
mit Kritik umgehen

In Diskussionen kann es passieren, dass Ihre Aussagen oder Argumente **Widerspruch** erregen oder Kritik hervorrufen. Das wiederum stellt Sie vor die Aufgabe, sich zu verteidigen, Ihren Standpunkt zu rechtfertigen oder Kritik zurückzuweisen.

2 a) Welchen der folgenden Äußerungen von Schülerinnen und Schülern könnten Sie zustimmen?

(1) Ich falle jedes Mal aus allen Wolken, wenn ich mitkriege, dass jemand meine Meinung nicht teilt, obwohl ich sie total vernünftig finde. *(Katrin)*

(2) Kritik ist o.k. Ich erwarte regelrecht, dass mir jemand widerspricht. Ja, manchmal provoziere ich das sogar. *(Lydia)*

(3) Solchen Situationen versuche ich aus dem Weg zu gehen, weil ich immer, wenn mich jemand kritisiert, das Gefühl habe, dass er mich als Person ablehnt. *(Lisa)*

(4) Manchmal habe ich es nur im Gefühl, dass meine Meinung richtig ist. Aber mir fehlen in dem Moment die überzeugenden Argumente. Die fallen mir erst später ein. *(Thoralf)*

(5) Viel hängt davon ab, wie viel Ahnung ich von dem Thema habe. Bin ich sachkundig, kann mich Kritik nicht so schnell erschüttern, da verteidige ich meine Meinung hartnäckig. *(Sophie)*

(6) Also ich entscheide je nach Situation, ob es sich lohnt, meinen Standpunkt zu verteidigen oder nicht. Wenn ich z. B. meinen Vater um mehr Taschengeld bitte und er sich gerade über meinen Musikgeschmack aufregt, dann tue ich doch nichts, was ihn weiter aufregen könnte. *(Nina)*

b) Wie stehen Katrin, Lydia und die anderen zu Widerspruch oder Kritik? Schauen Sie sich ihre Äußerungen noch einmal genau an!

Kritische **Rückfragen, Einwände, Präzisierungen** usw. sind Formen des Widersprechens. In der Regel beziehen sie sich auf den Inhalt von Äußerungen oder auf Formulierungsweisen, seltener auf die Person, die sich äußert. Für die Entgegnung ist es deshalb wichtig, zu erkennen, wie ein Widerspruch gemeint ist, ob als inhaltlich begründete sachliche Kritik oder aber als persönlicher Angriff.

3 Der folgende Aufruf der Redaktion einer Lokalzeitung erhitzte die Gemüter in der Klasse 9 c:

Für die einen sind es nur wilde Schmierereien, für die anderen zumindest sehenswerte Bilder, die „Tags" der Graffiti-Kids. In einem sind sich aber alle einig: Die Graffitis sind meist am falschen Ort. Wartehäuschen, aber leider auch ältere, restaurierte Gebäude werden zur Freiluftgalerie.
Das Bezirksamt möchte dem Wunsch vieler Sprayer nach legalen Flächen nachkommen und stellt die 350 m lange Mauer des Rathauses für die Graffiti-Kids zur Verfügung. Spraydosen gibt es kostenlos vom Amt, die besten Graffitis werden von einer Jury prämiiert.

In der Pause kommt es in der 9 c zu einer heftigen Auseinandersetzung:

TINA: Ich finde dieses Angebot total toll. Die Rathauswand wäre mit der Zeit sowieso vollgeschmiert worden. Denkt doch nur, wie die restaurierte Post

Graffiti an der
Berliner East Side Gallery

heute aussieht! Und so können die richtigen Sprayer mal ganz legal ihr
Können zeigen.

SÖREN: Bist du bescheuert, eh! Das Verbot macht doch gerade den Kick beim
Sprayen aus, nicht die Wand beim Bürgermeister. Das ist nur was für An-
gepasste.

TINA: Na, ich weiß ja nicht ...

KATJA: Also meiner Meinung nach ist das Angebot eine offizielle Erlaubnis zur
Umweltverschmutzung.

OLAF: Sag mal, spinnst du? Was hat Graffiti denn mit Umweltverschmutzung
zu tun?

KATJA: Na, sehr viel sogar. Hast du schon mal daran gedacht, dass Farb-
spraydosen giftige Lösungsmittel und Treibgase enthalten, die ozonschäd-
lich sind? Und dass, wenn du zig Dosen sprühst, dieser Farb- und Gasne-
bel als Gift in die Luft und ins Regenwasser gelangt?

SÖREN: Hört, hört! Willst wohl beim Chemielehrer Eindruck schinden oder
was?!

OLAF: Da mag ja was dran sein, aber den Sprayern darfst du damit nicht
kommen. Die haben alle Frust gegenüber der Gesellschaft. Was interessiert die die Umwelt?

KATJA: Schlimm genug! Aber das Bezirksamt muss darauf achten. Entweder
stellen sie umweltfreundliche Farbdosen zur Verfügung oder die Aktion
muss abgeblasen werden.

Lesen Sie die einzelnen Äußerungen noch einmal sehr genau und versuchen Sie Folgendes herauszufinden:

– Wer widerspricht wem? Worauf bezieht sich der Widerspruch jeweils?
– Wie reagieren die einzelnen Schülerinnen und Schüler auf Widerspruch oder Kritik?

7

Wenn Ihnen widersprochen wird, lassen Sie sich nicht einschüchtern, prüfen Sie kritisch, ob die Gegenargumente berechtigt sind! Versuchen Sie **Argumentationsfehlern** auf die Spur zu kommen, z. B.:

- Anstelle von **Argumenten** (begründete Behauptungen) werden **Meinungen** (unbewiesene Behauptungen) vorgebracht.
- Argumente werden als **allgemein gültig** vorgetragen, obwohl sie nur **eingeschränkt gültig** sind.
- Trotz **richtiger Argumente** werden **falsche Schlussfolgerungen** gezogen (und umgekehrt).
- Es wird **einseitig** argumentiert, obwohl **differenziertes** Herangehen angebracht wäre *(entweder – oder* anstelle von *sowohl – als auch)*.

4

Argumentationsfehler erkennen

a) Suchen Sie aus der Diskussion (Aufg. 3) Stellen heraus, wo Tina, Sören, Katja und Olaf Meinungen vortragen und diese auch begründen, wo sie also argumentieren!

b) Nennen Sie auch solche Stellen, wo sie nur ihre Meinungen äußern, ohne diese zu begründen! Versuchen Sie eine dieser Meinungen in ein Argument umzuformulieren!

5

Der Aufruf in der Lokalzeitung (Aufg. 3) löste eine Flut von Leserzuschriften aus.

a) Lesen Sie die folgenden Briefe aufmerksam! Handelt es sich dabei um zustimmende oder um ablehnende Äußerungen? Begründen Sie!

Die Öffentlichkeit hat positiv vermerkt, dass die Polizei endlich schärfer gegen Schmierfinken in der Stadt vorgeht und Erfolge gegen die Graffiti-Szene zu vermelden sind. Umso unverständlicher ist deshalb, dass jetzt zu einem Wettbewerb aufgerufen wird, um die Rathausmauer beschmieren zu lassen, und dass sich eine Lokalzeitung dazu hergibt, diese kriminellen Handlungen zu verharmlosen. Illegales Sprayen ist grundsätzlich eine Sachbeschädigung und damit eine Straftat. Dabei stellt sich die Frage, ob das Ergebnis ein Kunstprodukt ist, gar nicht. Hier Duldung, dort Ablehnung, hier Kunst, dort Schmiererei – das ist grundsätzlich abzulehnen, denn halb schwanger geht nicht.   Elvira D.

Als Kunstpädagogin weiß ich von meinen Schülern, dass die meisten jugendlichen Sprayer keineswegs gedankenlose Schmierfinken oder aggressive Randalierer sind. Vielmehr treibt sie der Wunsch, etwas zu tun, was von der Öffentlichkeit als Rebellion gegen den stinknormalen Alltag wahrgenommen wird. Einige möchten sicher auch mit ihrer Kunst berühmt werden. Vielen geht es aber vor allem um Anerkennung in ihren Gruppen. Ob das Angebot die Jugendlichen wirklich reizt, bleibt abzuwarten. Dem Projekt ist jedenfalls Erfolg zu wünschen.   Anke P.

> Wir werden uns an dem Wettbewerb beteiligen, weil es wichtig ist, allen zu zeigen, dass Graffitis Kunstwerke sein können. Um ein gutes Graffito zu machen, muss man mehr beherrschen als nur die Sprühdose. Schattierungen, Perspektive usw., das muss man alles können. Deshalb ärgern wir uns über die, die frisch gestrichene Wände besprühen. Mit denen werden wir dann in der Öffentlichkeit und von der Polizei in einen Topf geworfen. Für uns sind die S-Bahnen und Züge die eigentliche Herausforderung. Um in kurzer Zeit und trotz der ständigen Gefahr, erwischt zu werden, ein gutes Graffito zu machen, muss man sein Handwerk sicher beherrschen.
>
> Noise und Freunde

b) Fassen Sie in jeweils ein bis zwei Sätzen zusammen, worum es den einzelnen Schreiberinnen/Schreibern geht!

6 a) Einige der folgenden Behauptungen sind fälschlicherweise so formuliert, als würden sie ohne Einschränkung gelten. Welche sind das?

(1) Sprayen ist Sachbeschädigung und deshalb strafbar.
(2) Den Sprühern geht es um Anerkennung in ihren Gruppen.
(3) Graffitis sind Kunstwerke.
(4) In der Graffiti-Szene gibt es keine Mädchen.
(5) Maltechnische Kenntnisse sind unverzichtbare Voraussetzung für ein gutes Graffito.

b) Formulieren Sie diese Behauptungen so um, dass deutlich wird, dass sie nur unter bestimmten Bedingungen gelten!

7 a) Suchen Sie aus der Schülerdiskussion (Aufg. 3) und aus den Leserbriefen (Aufg. 5) Stellen heraus, an denen fälschlicherweise behauptet wird, dass etwas ohne Einschränkung Gültigkeit hat!

b) Nennen Sie aus den Texten auch Beispiele, in denen deutlich wird, dass etwas eingeschränkt, d. h. nur unter bestimmten Bedingungen gilt!

8 Wie bewerten Sie die Schlussfolgerungen, die von Katja (Aufg. 3) und Elvira D. (Aufg. 5) gezogen werden?

9 a) Welche unterschiedlichen, ja gegensätzlichen Interessen muss das Bezirksamt (Aufg. 3) berücksichtigen? Fallen Ihnen ähnliche Interessengegensätze aus Ihrem eigenen Erfahrungsbereich ein?

b) Suchen Sie aus der Schülerdiskussion (Aufg. 3) und den Leserbriefen (Aufg. 5) Beispiele für einseitiges Entweder-oder-Argumentieren heraus!

Suchen Sie auch Beispiele heraus, die das Bemühen um eine differenziertere Sicht zeigen!

10 a) Auf welche Argumente aus den Zuschriften (Aufg. 5) würden Sie sich in einer Entgegnung jeweils beziehen? Mit welcher Absicht?

b) Formulieren Sie zu einem der Briefe eine Gegenargumentation!

> Vielleicht geht es Ihnen auch so, dass Sie sich manchmal gegenüber Widerspruch und Kritik wehrlos fühlen. Deshalb sollten Sie wissen, dass es **Entgegnungsstrategien** gibt. Ihre Diskussionspartner setzen diese entweder in fairer Absicht ein, z. B. um sachlich zu kritisieren, oder aber in unfairer Absicht, z. B. um zu verunsichern, einzuschüchtern, Kompetenz abzusprechen oder Schuldgefühle zu wecken. Solche Entgegnungsstrategien sind u. a.
> – **Ja, aber-Zustimmungen** äußern, **Ergänzen, Präzisieren,**
> – **Gerade, weil-Verteidigungen** führen,
> – **Rückfragen, Anzweifeln** von Zahlen, Beispielen, Autoritäten,
> – **Einfordern** von Beweisen, Beispielen, Definitionen,
> – **Überhören, Ablenken,**
> – **Bewerten** von Äußerungen, **Unterstellen** von Absichten,
> – **Ablehnen** von Argumenten,
> – **Aufzeigen** von Folgen, **Aufdecken** von Widersprüchen,
> – **Widerlegen.**
>
> Diese Entgegnungsstrategien zu erkennen ist ein erster Schritt, sich offensiv verteidigen zu können. Der nächste Schritt ist, die eine oder andere Strategie – in fairer Absicht – selbst einzusetzen.

11

Entgegnungs-strategien erkennen und anwenden

„Woher hast du denn diese Zahlen?" Diese Entgegnung kann – ohne den Situationszusammenhang zu kennen – unterschiedlich verstanden werden, z. B. als sachliche Rückfrage oder als Ausruf der Anerkennung; sie kann aber auch zur Verunsicherung dienen oder gar im Sinne eines Verhörs gebraucht werden.

a) Welche Entgegnungsstrategien können hinter den folgenden Äußerungen stecken?

Welche Absichten könnte ein Sprecher damit verfolgen?

(1) Woher weißt du denn das?
(2) Sind Sie sich da ganz sicher?
(3) Gerade weil ich noch jung bin, will ich mitreden.
(4) Wer weiß, wie die anderen darauf reagieren werden!
(5) Was meinen Sie mit ...?
(6) Du willst dich damit doch nur bei Herrn G. lieb Kind machen.
(7) Früher hast du aber ganz anders darüber gedacht.
(8) Ich will dir mal sagen, worauf dein Vorschlag hinausläuft.
(9) Sie haben jetzt aber eine ganz kluge Frage gestellt, Ina.
(10) Ich habe das Gefühl, du nimmst meine Kritik nicht ernst.

b) Sprechen Sie die Äußerungen! Setzen Sie Betonung und Lautstärke unterschiedlich ein, je nachdem, welche Absicht Sie mit Ihrer Äußerung verfolgen! Nehmen Sie Ihre Versuche auf Band auf und werten Sie die Ergebnisse gemeinsam aus!

c) Wie würden Sie auf die Äußerungen jeweils reagieren? Formulieren Sie mögliche Entgegnungen!

Welche Entgegnungsstrategien nutzen Tina, Sören und die anderen (Aufg. 3)? Welche Absichten könnten dahinter stecken? Analysieren Sie die Diskussion daraufhin!   **12**

Versetzen Sie sich in folgende Situationen! Mit welchen Entgegnungs-strategien würden Sie Ihre Absicht zum Ausdruck bringen? Geben Sie Beispiele für mögliche Formulierungen!   **13**

(1) Sie möchten teilweise Übereinstimmung mit Ihrem Gesprächspartner ausdrücken.
(2) Sie hegen Zweifel an der Richtigkeit der Äußerungen Ihres Gesprächspartners.
(3) Sie halten einzelne der vorgebrachten Argumente für falsch.
(4) Sie möchten für Ihre Entgegnung Zeit gewinnen.
(5) Sie halten Ihren Gesprächspartner für nicht sachkundig und seine Auffassung deshalb für falsch.

a) Sie haben das Gefühl, dass man Sie verunsichern möchte oder dass in Ihnen Schuldgefühle geweckt werden sollen.   **14**
   Welche Entgegnungsstrategien Ihrer Gesprächspartnerin / Ihres Gesprächspartners könnten diese Gefühle in Ihnen auslösen? Geben Sie Beispiele!
b) Wie reagieren Sie in solchen Fällen? Gestalten Sie Rollenspiele!

Mit dem Versuch, ein Argument Ihres Gesprächspartners zu **widerlegen**, wollen Sie erreichen, dass Ihre eigene Auffassung weiter in der Diskussion bleibt.
Sie können das **direkt** tun, indem Sie die Unrichtigkeit der Argumentation Ihres Partners nachweisen:

Die Behauptung, Graffiti sei Sachbeschädigung und deshalb strafbar, ist falsch. Das gilt nur für illegales Sprayen.

Sie können eine Argumentation aber auch **indirekt** widerlegen, indem Sie die Richtigkeit Ihrer eigenen Meinung begründen:

Legal entstandene Graffitis sind keine Sachbeschädigung und deshalb nicht strafbar.

15 Worin liegen die Schwierigkeiten beim Widerlegen? Wie könnte man sie abbauen? Tauschen Sie Ihre Erfahrungen aus!

16 Auch die Redaktion der Lokalzeitung (Aufg. 3) reagiert auf die Zuschriften ihrer Leserinnen und Leser (Aufg. 5). Hier ein Beispiel:

Sehr geehrte Frau ...,
wenn Sie unser Lokalblatt schon länger kennen, werden Sie bemerkt haben, dass Verharmlosung von Gewalt nicht auf unseren „Druckfahnen" steht. Wir stimmen Ihnen zu, dass Jugendliche, die Gewalt anwenden, kein Pardon erwarten dürfen. Aber wir weigern uns, alle jugendlichen Sprayer zu Kriminellen abzustempeln, nur weil die Art und Weise, wie sie sich zu Wort melden, dem einen oder anderen nicht passt. Differenzierung tut Not.
Die Sprayer, die ohne Schlagring und Gaspistole arbeiten, sollen sich legal äußern dürfen. Der Wettbewerb des Bezirksamtes ist unserer Meinung nach ein erster Schritt dazu. Ob damit auch jene erreicht werden, die aus Langeweile Verkehrsschilder verunstalten, bleibt abzuwarten.

Mit welchen Mitteln versucht die Redaktion, die Argumente der Leserin zu widerlegen? Wie geht sie dabei vor?

17 Versuchen Sie die Argumentation von Elvira D. (Aufg. 5) zu widerlegen! Wählen Sie für Ihre Entgegnung entweder die direkte oder die indirekte Methode des Widerlegens!

18

Podiumsdiskussion

 Führen Sie in einem Rollenspiel eine Podiumsdiskussion zum Thema *Graffiti* durch!
Versuchen Sie die Rollen so zu verteilen, dass alle in der Diskussion

(Aufg. 3) und in den Leserbriefen (Aufg. 5) vertretenen Positionen zum Ausdruck gebracht werden können!

Diejenigen, die nicht an der Diskussion beteiligt sind, schätzen das Ergebnis im Anschluss kritisch ein. Zu diesem Zweck wäre es von Vorteil, wenn Sie das Rollenspiel aufnehmen könnten.

Wenn Sie in einer Diskussion überzeugend argumentieren wollen, sollten Sie, bevor Sie sprechen, Ihre Gedanken ordnen und eine bestimmte Abfolge Ihres Beitrags festlegen.

Als Ordnungshilfe hat sich dabei der **Dreisatz** bewährt, ein Argumentationsmuster, das aus drei Redeschritten besteht:

1. **Anknüpfen** an vorher Gesagtes: *Karen hat gerade behauptet, dass ...*
2. **Vortragen der eigenen Argumentation:** *Das stimmt so nicht, weil ...*
3. **Angeben des Zwecks** des eigenen Beitrags: *Deshalb schlage ich vor, ...*

Alle drei Sätze lassen sich auch als Gliederungspunkte verwenden, die Sie jeweils weiter ausführen können.

Bei der gedanklichen Vorbereitung sollten Sie sich als Erstes den Zweck/das Ziel Ihres Beitrags überlegen, d. h., Sie beginnen bei der Planung mit Punkt 3.

Der Ausruf ihres Französischlehrers „Französisch wirst du nie lernen, Paul!" löste in der 9 d eine Auseinandersetzung darüber aus, ob das Fremdsprachenlernen eine besondere Begabung erfordert oder nicht. Hier zwei aufeinander folgende Wortmeldungen:

19
Dreisatzmuster erkennen und anwenden

Maxi:
Also ich finde die Äußerung von Herrn G. empörend. Das gibt Ärger in seinem Unterricht, weil Pauls Motivation nun gleich null sein wird. Da hilft meiner Meinung nach nur, dass sich Herr G. bei Paul entschuldigt.

Luisa:
Also entschuldigen ist ja das Mindeste. Mir ist rätselhaft, wie man mit so einer Einstellung überhaupt Fremdsprachenlehrer werden kann. Ich glaube nämlich, dass die Menschen unterschiedlich begabt sind zum Fremdsprachenlernen. Da gibt es Leute, die fließend drei, vier und mehr Fremdsprachen sprechen. Und dann gibt es welche, die sich echt abmühen damit. Und gerade diese brauchen die besondere Hilfe und den Zuspruch des Lehrers, nicht etwa, weil sie zu blöd sind, sondern weil sie vielleicht nur uneffektiv lernen. Ich schlage vor, dass wir Herrn G. gleich morgen um ein Gespräch darüber bitten.

Maxi und Luisa haben sich – in unterschiedlicher Weise – an das Dreisatzmuster gehalten. Benennen Sie jeweils die drei Bestandteile ihrer Beiträge!

20

a) Welche Auffassung vertreten Sie zu der Frage „Erfordert das Lernen von Fremdsprachen eine besondere Begabung?"? Formulieren Sie einen kurzen Diskussionsbeitrag! Orientieren Sie sich im Aufbau am Dreisatzmuster!

b) Stellen Sie Ihren Beitrag in der Klasse/Gruppe vor und lassen Sie das ihm zugrunde liegende Dreisatzmuster bestimmen!

21

Bereiten Sie in der Gruppe Diskussionsbeiträge zu einem bestimmten Thema vor! Nutzen Sie dafür das Dreisatzmuster!
Zeichnen Sie Ihre Beiträge auf und werten Sie sie anschließend gemeinsam aus!

Mögliche Themen:

- Zeugnisse für Lehrer?
- Führerschein ab 16?
- Kochen und Nadelarbeit – Pflichtfächer für Jungen?

Diskutieren

1

Wäre das eine Diskussion wert?
Lesen Sie den folgenden Zeitungsartikel unter dieser Fragestellung!
Tauschen Sie im Anschluss daran Ihre Meinungen darüber aus!

Ach nein, nicht noch mal! Kaum hat der eine Bettler die U-Bahn verlassen, steigt der nächste schon zu. Die Fahrgäste vertiefen sich mürrisch in ihre Zeitungen. „Entschuldigung, ich will

Sie nicht belästigen. Ich will kein Geld. Ich will Arbeit. Ich bin bereit, alles zu tun", sagt der junge Mann an der Tür. Die Fahrgäste horchen auf. „Ich kann Ihren Fernseher reparieren, Ihre Wohnung renovieren oder Ihren Keller entrümpeln. Was Sie wollen und egal, wie schwer."
Er erzählt noch, dass er auf dem Bau gelernt und als Elektrotechniker Erfahrungen gesammelt hat und entschuldigt sich ein weiteres Mal. Ein Mann ganz hinten links winkt ihn zu sich. „Ich habe leider auch keine Arbeit für Sie", sagt er. „Vielleicht nützt Ihnen das ein wenig." Er gibt dem jungen Mann 50,– Mark. Der nimmt den Schein und sagt: „Danke sehr, aber das ist nicht, was ich wollte." Man glaubt es ihm.

a) Sollte man Ihrer Meinung nach über ein Thema wie Jugendarbeits- **2**
losigkeit öffentlich diskutieren?
Was würden Sie von einer solchen Diskussion erwarten? Welche
Aufgabe sollte eine Diskussion über dieses Thema erfüllen?
b) Welche Rolle spielen öffentliche Diskussionen Ihrer Erfahrung nach
in unserer Gesellschaft?
Schauen Sie sich verschiedene Diskussionsrunden im Fernsehen an!
Welche Themen wurden diskutiert? Wie schätzen Sie die Ergebnisse
der einzelnen Gesprächsrunden ein?
c) Welche Bedeutung haben Gespräche und Diskussionen im Fami-
lien-, Freundes- oder Bekanntenkreis für Sie? Kann Ihnen ein solcher Austausch helfen, private Probleme zu lösen?

Eine Diskussion kann mit unterschiedlicher Zielstellung geführt wer- **3**
den. **Diskussionsziele**
a) Welche dieser Zielstellungen halten Sie für eine Diskussion über das **bestimmen**
Thema „Jugendarbeitslosigkeit" in Ihrer Klasse für geeignet?

– einen Überblick über die unterschiedlichen Meinungen zum Thema gewinnen
– das Thema in seiner Vielschichtigkeit kennen lernen
– nach Lösungen für das Problem suchen
– gegensätzliche Standpunkte sichtbar machen
– Teilthemen für eine intensivere Beschäftigung in Arbeitsgruppen festlegen
– Ideen sammeln
– sich auf einen gemeinsamen Standpunkt einigen

b) Mit welcher anderen Zielstellung könnte man über das Thema diskutieren? Begründen Sie Ihre Vorschläge!

a) Versuchen Sie das Thema „Jugendarbeitslosigkeit" in Teilthemen zu **4**
untergliedern! (Informieren Sie sich dazu auch im Abschnitt „Eine **Teilthemen**
Problemerörterung vorbereiten", S. 37 ff.!) **festlegen**
b) Stellen Sie eine Liste mit Teilthemen zusammen, die in Ihrer Klasse
besonderes Interesse finden! Notieren Sie die Teilthemen entweder
in Form von Fragen oder als Stichpunkte!

Die Klassen 9 a und 9 c wollen mit unterschiedlichen Zielen über das **5**
Thema „Jugendarbeitslosigkeit" diskutieren:

9 a: Wie gehen wir selbst mit dem Problem der Jugendarbeitslosigkeit um?
9 c: Stand, Ursachen, Auswege – Jugendarbeitslosigkeit heute

Welche Teilthemen sollten Ihrer Meinung nach in der 9 a diskutiert
werden, welche in der 9 c? Begründen Sie Ihre Vorstellungen!

Auf dem Arbeitsamt:
Jugendliche
informieren sich
am Computer
über Arbeitsangebote

6 Um die Diskussion steuern zu können, bitten die Diskussionsleiter der beiden Klassen (Aufg. 5) vor der Diskussion jeden darum, in knapper Form das Thema zu notieren, über das sie/er sprechen will.

a) Stellen Sie die folgenden Themen zu Gruppen zusammen! Welche Teilthemen ergeben sich daraus?

(1) Haste was, biste was. Nimmste was, haste was. *(Daniel)*

(2) Wenn ältere Leute keine Arbeit finden, ist das schlimm. Wenn Schulabgänger keine Lehrstelle oder Arbeit finden, ist das viel schlimmer. *(Mona)*

(3) Arbeit ist nicht das Wichtigste im Leben. *(René)*

(4) Ein Leben ohne Arbeit und Perspektive auf Arbeit macht Jugendliche aggressiv. *(Sophie)*

(5) Arbeitslose haben das Gefühl, nichts wert zu sein. *(Andreas)*

(6) Die Politiker müssten viel mehr tun, um die Arbeitslosigkeit in den Griff zu bekommen. *(Katja)*

(7) Es ist doch genügend Arbeit da, sie muss nur gerechter verteilt werden. *(Till)*

(8) Mit der Arbeitslosigkeit beginnt in vielen Fällen der soziale Abstieg. *(Paula)*

(9) Jugendliche Arbeitslose in Deutschland leben immer noch besser als die Mehrzahl der Menschen in der Dritten Welt. *(Sylvie)*

(10) Wie mein Bruder damit umgeht, arbeitslos zu sein *(Matthias)*

(11) Mädchen werden schon bei der Suche nach Lehrstellen benachteiligt. *(Andrea)*

(12) Vollbeschäftigung oder Arbeit für alle ist in der heutigen Zeit eine Illusion. *(Alexander)*

(13) Die Kriminalitätsrate unter jugendlichen Arbeitslosen ist besonders hoch. *(Frauke)*

(14) Wer bringt uns denn bei, mit unserer Freizeit sinnvoll umzugehen? *(Hedda)*

16

b) Welche der vorgeschlagenen Beiträge eignen sich für das Diskussionsziel der 9 a, welche für das der 9 c?
Welche Beiträge würden Sie auf jeden Fall auswählen?
In welcher Reihenfolge sollten sie diskutiert werden?

c) Fehlen Ihrer Meinung nach Teilthemen, die für das Diskussionsziel der 9 a bzw. das der 9 c wichtig sind? Ergänzen Sie gegebenenfalls!

a) Wie könnte man Ihrer Meinung nach eine lebhafte Diskussion auslösen, in der gegensätzliche Standpunkte diskutiert werden?

b) Was halten Sie von den folgenden Formen der Vorbereitung auf eine Diskussion?

7
geeignete Formen der Vorbereitung auswählen

- Expertenmeinungen für den Einstieg in die Diskussion einholen
- Provozierende Behauptungen als Diskussionsgrundlage zusammenstellen
- Befragungen durchführen
- Filmausschnitt, Musikbeitrag, Kurzgeschichte o. Ä. als Auftakt auswählen

c) Welche anderen Formen der Vorbereitung auf eine Diskussion sind möglich?
Wofür würden Sie sich entscheiden, wenn Sie die Leitung einer Diskussion zum Thema „Jugendarbeitslosigkeit" in Ihrer Klasse/ Gruppe übernommen hätten?

a) Die Diskussionsleiterin der 9 c hat als Einstieg in die Diskussion das folgende Interview gewählt. Welche Aspekte des Problems Jugendarbeitslosigkeit werden darin angesprochen?

8
sich mit dem Einstieg in eine Diskussion auseinander setzen

Stephan und Holger gehören zu den rund 10 000 gemeldeten Obdachlosen in Berlin. Ein Reporter (R) sprach mit den beiden über ihre Situation, ihre Wünsche und ihre Hoffnungen.

R: Wo leben Sie jetzt?

HOLGER: Wir wohnen in einer Pension in Friedrichshain. Da haben wir ein Zimmer. 38 Mark zahlt das Sozialamt pro Tag für die Unterkunft.

R: Seit wann sind Sie ohne Wohnung?

STEPHAN: Seit zwei Jahren. Mit 17 habe ich Mist gebaut, ein Jahr bin ich dafür in den Knast gegangen. Warum, geht keinen was an. Als ich rauskam, hat mich meine Mutter nicht mehr zu Hause reingelassen.

HOLGER: Ich bin in Suhl aufgewachsen. Habe dort meinen Teilfacharbeiter gemacht als Montierer. Mein Betrieb hat Bankrott gemacht, so landete ich auf der Straße. Da hatte ich aber noch 'ne Wohnung. Die Stadt hat mir aber gestunken. In Berlin wollte ich mir ein neues Leben aufbauen. Anfangs habe ich bei Kumpels gewohnt, aber irgendwann ging das nicht mehr. Also bin ich zum Sozialamt hin und bekam so den Platz in der Pension.

R: Haben Sie Arbeit?

17

Jugendliche Obdachlose

HOLGER: Seitdem ich in Berlin bin, habe ich keinen Job. Das ist ziemlich blöd, von der Sozialhilfe zu leben, sprich vom Staat. Aber das Arbeitsamt hat mich immer vertröstet. Jetzt soll ich mich beim Straßenwinterdienst melden. Am Montag geh ich hin.

STEPHAN: Ich komm mit. Vielleicht nehmen die mich auch.

R: Sie haben also keinen Beruf?

STEPHAN: Nee, beim Gleisbau war ich tätig, Gleise gelegt, Schwellen gewechselt. Der Chef des Betriebes, wo ich gelernt habe, war unausstehlich. Ich bin abgehauen und habe angefangen zu trinken. Dann kam ja der Knast.

R: Wie sieht Ihr Tag so aus?

HOLGER: Den ganzen Tag über hängen wir rum, hören Musik oder treffen uns mit Leuten. Ab und an gehen wir in einer Wärmestube etwas essen. Alle zwei Wochen holen wir uns vom Sozialamt die Kohle. Für die Pension brauchen wir nichts zu bezahlen. Dann fahren wir zum Bahnhof und holen uns mit anderen Kumpels ein Wochenendticket. Damit fahren wir zu Konzerten oder Demos. Der Rest des Geldes geht meistens für Essen und Bier drauf.

R: Nervt Sie Ihre gegenwärtige Situation?

STEPHAN: Im Sommer ist das Leben noch ganz witzig, überall kann man sein Zelt aufbauen. Aber jetzt im Winter ist es einfach beknackt. Kein Geld für Klamotten. Ich brauche unbedingt ein paar Hosen. Ich habe schon zwei Selbstmordversuche hinter mir – aus Frust. Endlich einen Job und eine eigene Wohnung, das wünsche ich mir.

HOLGER: Ich würde jede Arbeit annehmen, um aus der Pension rauszukommen. Die Leute dort sind in Ordnung, aber mit Wohnung und Job kann ich ein neues Leben anfangen. Für eine anständige Arbeit würde ich sogar ordentliche Klamotten anziehen.

b) Was kann dieses Interview als Einstieg in eine Diskussion leisten? Sprechen Sie über das Für und Wider dieser Einstiegsmöglichkeit!

c) Welche für das Diskussionsziel der 9 c wichtigen Aspekte des Themas wurden in dem Interview nicht angesprochen?
Was hätten Sie Stephan und Holger gefragt? Notieren Sie Ihre Fragen!

a) Lesen Sie einen Ausschnitt aus der Diskussion in der 9 c!

CONSTANZE: Ich hab irgendwo gelesen, dass man als arm gilt in Europa, wenn man von Sozialhilfe leben muss. Und das sind ja wohl nicht wenige.

ULLI: Aber Armut in Deutschland kannst du doch nicht gleichsetzen mit Armut in der Dritten Welt. Bei denen geht es ums nackte Überleben. Und bei uns geht es um ein paar neue Hosen oder ein Wochenendticket, wie in dem Interview zu lesen war.

JASMIN: Na, das kannst du ja mal den Obdachlosen hier sagen, wie gut sie es in Deutschland haben. Deine internationalen Vergleiche lassen die doch völlig kalt. Eine Wohnung kriegen sie davon nämlich auch nicht.

DANIEL: So banal, wie du das jetzt hinstellst, hat das Ulli bestimmt nicht gemeint. Ich sehe da schon einen Unterschied zwischen den Armen bei uns und denen in den Entwicklungsländern. Das Problem hier in Deutschland ist doch, dass Geld der einzige Maßstab ist für den Wert eines Menschen. Nach dem Motto „Haste was, biste was." Guck dich doch in der Klasse um! Haben deine Eltern die nötige Knete für den Zweitwagen, den Auslandsurlaub jedes Jahr und für Markenklamotten, dann hebt das ganz selbstverständlich dein Selbstbewusstsein. Aber wehe, deine Alten sind ...

MAX: Ich finde es einfach zum Kotzen, dass dein Wert als Mensch allein am Preis deiner Klamotten festgemacht wird.

JASMIN: Ganz genau. Was meint ihr denn, wie viel Kraft das kostet, wenn du in Billigschuhen übern Schulhof gehen musst, nur weil deine Mutter schon länger arbeitslos ist.

MAX: Das mit den zwei Selbstmordversuchen von Stephan, das kann ich mir schon vorstellen. Als Obdachloser kriegst du nie 'ne Arbeit, ohne Arbeit kannst du dir nichts leisten, da bist du der allerletzte Dreck. Was willst du da noch mit deiner Zukunft?

MARIO: Mir kommen gleich die Tränen. Mensch, ihr müsst die Dinge doch auch mal von der anderen Seite sehen! Gehste nicht arbeiten, haste jeden Tag Ferien. Das ist doch lustig, oder? Keiner zwingt dich mehr, früh aufzustehen oder Leistungen zu bringen für etwas, was dich sowieso ...

DANIEL: So naiv kann man doch gar nicht sein, Mario! Du glaubst doch nicht im Ernst, dass obdachlose Jugendliche kostenlos ins Kino dürfen? Oder ins Schwimmbad? Oder ins Rockkonzert? Mensch, Freizeit kostet Geld!

CONSTANZE: Jedenfalls glaube ich, dass Armut aggressiv macht.

ULLI: Kannst du dich vielleicht mal 'n bisschen klarer ausdrücken?

JASMIN: Constanze meint bestimmt, dass es objektiv einfach zu wenig Lehrstellen gibt für die vielen Schulabgänger. Und dass du nichts dafür kannst, wenn du keine abkriegst, obwohl du dich vielleicht sehr darum bemüht hast. Und dass diese Erfahrung böse macht.

ULLI: Das ist ja nun überhaupt kein Argument. Irgendeine Lehrstelle gibt es für jeden in Deutschland. O. k., es ist nicht dein Traumjob, na und? Und vielleicht auch nicht in deiner Heimatstadt. Na, da musst du eben deinen Hintern mal 'n bisschen bewegen.

b) Halten Sie die Hauptaussage jedes Beitrags in wenigen Stichworten fest!

c) Welche Meinungen werden geäußert? Was wird dagegen vorgebracht?

d) Welche Argumente fallen Ihnen ein, um die vorgetragenen Standpunkte zu bekräftigen? Welche Gegenargumente haben Sie?

e) Verfolgen Sie anhand Ihrer Stichworte (Aufg. b) den thematischen Verlauf der Diskussion! Welchen Stand hat die Auseinandersetzung erreicht?
Formulieren Sie eine Zwischeneinschätzung!

10

Sie wissen selbst, wer diskutiert und argumentiert, der macht auch Fehler. Aber aus Fehlern kann man lernen.
Welche Argumentationsfehler sind Ihnen in der Diskussion (Aufg. 9) aufgefallen? Suchen Sie Beispiele heraus und ordnen Sie sie zu!

– Anstelle von Argumenten wurden Meinungen vorgebracht.
– Argumente wurden als allgemein gültig vorgetragen, obwohl sie nur eingeschränkt gültig sind.
– Es wurden falsche Schlussfolgerungen gezogen.
– Es wurde einseitig argumentiert, obwohl differenziertes Herangehen angebracht gewesen wäre.

11

a) In welcher Weise nehmen die Diskussionsredner (Aufg. 9) aufeinander Bezug? Worauf beziehen sie sich im Einzelnen? Und wie tun sie das?

b) Wo werden vorgetragene Meinungen von Gesprächspartnern bewertet? Bezieht sich die Wertung auf den Redeinhalt oder auf die Person, die sich geäußert hat?
Wie wird auf solche Bewertungen reagiert?
Wie hätten Sie reagiert? Warum?

c) Lesen Sie noch einmal Jasmins letzten Diskussionsbeitrag! Was macht sie hier? Wie beurteilen Sie ihr Redeverhalten? Wie hätten Sie an Constanzes Stelle darauf reagiert?

12

eine Diskussion weiterführen

a) Wie sollte die Diskussion der 9 c (Aufg. 9) weitergeführt werden? Vergleichen Sie die Gesichtspunkte, die in der Diskussion bisher eine Rolle gespielt haben, mit den in Aufgabe 6 aufgeführten Teilthemen! Welche Gesichtspunkte müssten noch angesprochen werden, damit das Diskussionsziel (Aufg. 5) erreicht werden kann?

b) Wie würden Sie sich an der Diskussion in der 9 c beteiligen? Formulieren Sie Ihren Beitrag unter Nutzung eines Dreisatzmusters (vgl. Rahmen, S. 13)!

c) Spielen Sie die Diskussion in der 9 c nach! Bringen Sie dabei auch Ihre eigenen Beiträge aus Aufgabe b) ein!

Mit einem Kurzvortrag können Sie unterschiedliche Absichten verfolgen.
Sie können z. B.
– über einen bestimmten Sachverhalt informieren,
– zu einer Tätigkeit anleiten,
– eine Person oder ein Ereignis würdigen,
– eine Diskussion einleiten.

1

Welche Absichten könnten mit Kurzvorträgen zu den folgenden Themen verbunden sein? Nennen Sie Ihre Entscheidungen und begründen Sie sie!

• So baue ich mir ein Biwak
• Wie das Wetter entsteht
• Können wir uns mit der Situation in unserer Klasse abfinden?
• Unsere Erfolge sind die Erfolge unseres Trainers – er lebe hoch!
• Wohin bei der nächsten Klassenfahrt?
• Schmuck aus Seidenschnüren selbst hergestellt
• Die großen Erdbebengebiete der Welt
• Eine ältere, sehr erfahrene Dame – unsere Schule wird 50

Bei der **Vorbereitung** auf einen **Kurzvortrag** sollten Sie sich Folgendes fragen:
– Wer sind meine Zuhörerinnen/Zuhörer? Was könnten sie über das Thema bereits wissen? Was wird sie darüber hinaus interessieren? Was erwarten sie von meinem Vortrag?
– Welche Anforderungen stellt das Thema?
– Welche Kenntnisse (auch Erfahrungen) habe ich selbst im Zusammenhang mit dem Thema?
– Welches Material steht mir zur Verfügung? Welche Informationen muss ich mir beschaffen?

Eine Schülerin bereitet sich auf einen Kurzvortrag zu dem Thema „Der Wind und seine verheerenden Wirkungen" vor. Sie wird den Vortrag vor ihrer Klasse halten. Ihr stehen 15 Minuten zur Verfügung.

2
**die Situation
einschätzen**

a) Mit welchen Absichten kann ein solcher Kurzvortrag gehalten werden?
b) Gehen Sie von der Situation in Ihrer Klasse aus und schätzen Sie den Wissensstand, das Interesse am Thema und die Erwartungen an den Vortrag ein!
Verständigen Sie sich darüber!

das Thema analysieren

3 Bei der Auseinandersetzung mit einem Thema sollten Sie zunächst die darin steckenden wichtigen Begriffe erfassen und zueinander in Beziehung setzen. Daraus können Sie Fragen/Schwerpunkte ableiten, die Sie in der vorgegebenen Zeit behandeln wollen.

Die Schülerin, die das Thema „Der Wind und seine verheerenden Wirkungen" bearbeiten will (Aufg. 2), notiert zunächst Folgendes:

Wind → Wirkungen — im Binnenland — auf See

Danach schreibt sie ungeordnet die folgenden Fragen/Schwerpunkte auf:

Was ist Wind? Wie entsteht er? Welche Windstärken gibt es? Wie werden sie gemessen? Was ist ein Orkan? Wann spricht man von einem Sturm? Wie entsteht ein Föhn? Wie nutzen die Menschen die Wirkung des Windes? Welche Schäden kann Wind anrichten?

a) Welche der Fragen/Schwerpunkte schlagen Sie zur Behandlung vor?

b) Nennen Sie weitere Fragen oder Schwerpunkte, die sich Ihrer Meinung nach aus dem Thema ergeben!

Material sammeln und festhalten

4 a) Welche Informationsquellen könnte man für eine Materialsammlung zum Thema „Der Wind und seine verheerenden Wirkungen" nutzen?

b) Die Schülerin (Aufg. 2) findet in einem Buch Texte, die viele ihrer Fragen beantworten. Wichtige Stellen markiert sie.

Arbeiten Sie die Texte durch und notieren Sie Stichpunkte! Sie können so beginnen:

Wind = horizontale Luftbewegung
W.-Bestimmung = Angabe d. Richtung und der Stärke

Wind und Seegang

[...] Unter Wind versteht man die horizontale Luftbewegung. Doch gibt es auch Luftströmungen in vertikaler Richtung. Sie sind vor allem für Wolkenbildung und -auflösung, Niederschlag und Gewitter verantwortlich.

Um den Wind zu bestimmen, gibt man zum einen die Richtung an, aus der er weht. Zum anderen ist die Windstärke, d. h. die Geschwindigkeit in m/s, in km/h oder in Beaufort, von großem Interesse.

Messungen des Windes werden nicht nur am Erdboden durchgeführt, sondern auch in der freien Atmosphäre.

Während in den untersten 1000 m die Bodenreibung eine wesentliche Rolle spielt, hängt der Wind über 1000 m in erster Linie von der Ver-

Windflüchter auf
der Insel Hiddensee

teilung der warmen und kalten Luftmassen ab. Nun darf man den Wind aber nicht als gleichmäßige Bewegung der Luft ansehen. Mal wird die Windgeschwindigkeit größer, mal kleiner. Man berechnet darum einen mittleren Wert über einen Zeitabschnitt von 10 Minuten. Schwankt der Wind stark um diesen Mittelwert, dann spricht man von großer Böigkeit. Muss die Luft ein Hindernis überströmen oder fließt sie über eine sehr raue Oberfläche, so werden – je stärker der Wind ist – Wirbel ausgelöst, so genannte Turbulenzen, verbunden mit Auf- und Abwinden. Auch in der freien Atmosphäre treten solche Wirbel auf. Beim Fliegen kann man sie manchmal spüren, wenn das Flugzeug plötzlich nach oben oder unten versetzt wird.

Auch die Windrichtung schwankt ständig und so wählt man ebenfalls einen Mittelwert der letzten 10 Minuten. Die vorherrschende Windrichtung in einer Landschaft – vor allem an der Küste – kann man oft an der Wuchsform der Bäume ablesen. [...] Die Äste wachsen in die Richtung, in die der Wind weht.

Vom Wind ausgelöst wird der Seegang. Die Bewegung des Wassers, die unmittelbar durch den Wind entsteht, heißt „Windsee". Es sind Oberflächenwellen des Meeres. Unter „Dünung" versteht man eine weit schwingende Wellenbewegung der Meeresoberfläche. Sie wird von Windzentren ausgelöst, wandert über große Entfernungen und hält oft nach Tagen noch an, obgleich der Wind schon aufgehört hat. Die Stärke des Seegangs wird in einer Skala angegeben.

Bezeichnung	Beaufort-Skala	m/s	km/h
windstill	0	0–0,2	1
schwacher Wind	1–3	0,3–5,4	1–19
mäßiger Wind	4	5,5–7,9	20–28
frischer Wind	5	8–10,7	29–38
starker Wind	6–7	10,8–17,1	39–61
stürmischer Wind oder Sturm	8–9	17,2–24,4	62–88
schwerer Sturm	10	24,5–28,4	89–102
orkanartiger Sturm	11	28,5–32,6	103–117
Orkan	12	32,7	118

Hurrikan-Schäden
in Louisiana (USA)

Hurrikan und Taifun

Ein Hurrikan ist ein Wirbelsturm der Tropen. Er tritt im Bereich der Karibik, der Westindischen Inseln und des Golfs von Mexiko auf. Er entsteht meist auf der Äquatorseite des subtropischen Hochdruckgürtels als Wellenstörung in der Passatströmung.

Hurrikane entwickeln sich immer über dem Meer, dabei muss die Wassertemperatur 26 bis 27 °C betragen. Am häufigsten sind sie daher im Sommer und im Herbst, wenn das Wasser am wärmsten ist.

Ein typisches Merkmal des Hurrikans ist das „Auge" im Zentrum mit einem Durchmesser von ungefähr 20 km, in dem der Wind nur schwach ist. Die Bewölkung ist gering und es fällt kein Niederschlag. Am Rand des „Auges" türmen sich dagegen mächtige Wolken auf.

Der Durchmesser eines Hurrikans beträgt einige hundert Kilometer und die Windgeschwindigkeit kann 200 km/h und mehr erreichen. Über dem Meer können Hurrikane längere Zeit bestehen. Beim Übertritt auf das Festland dagegen werden sie rasch schwächer. Wolkenbrüche, orkanartiger Wind und Sturmfluten richten verheerende Zerstörungen an. Auf ihrem weiteren Weg schwächen sie sich zu normalen Tiefdruckgebieten ab und ziehen in der Westwindzone bis nach Europa.

Im westlichen Pazifik – Japan und an der Ost- und Südostküste Asiens – gibt es ebenfalls tropische Wirbelstürme: die Taifune. Sie entstehen unter gleichen Bedingungen wie die Hurrikane und lassen ebenfalls eine Schneise der Verwüstung und Überschwemmung hinter sich.

c) Notieren Sie auf Ihrem Stichpunktzettel auch die Quelle, aus der Sie die Informationen entnommen haben, d. h. Verfasser/in, Titel, Erscheinungsort, Verlag, Erscheinungsjahr! (Vgl. hierzu auch Abschn. „Zitieren", S. 107 ff.!)

In dem Buch, dem die Texte entnommen sind, finden Sie die folgenden Angaben dazu:

Karla Wege	© 1992, Franckh-Kosmos
	Verlags-GmbH & Co., Stuttgart
	Alle Rechte vorbehalten
Wetter	ISBN 3-440-06404-2
	Lektorat: Rainer Gerstle, Iris Kick
	Grundlayout: Jürgen Reichert
	Herstellung: Lilo Pabel
	Printed in Italy/Imprimé en Italie
	Satz: Kittelberger, Reutlingen
	Reproduktion: Repro GmbH, Fellbach
Franckh-Kosmos	Druck: Printers, Trento

a) Entwerfen Sie eine Gliederung für Ihren Kurzvortrag! Sie können dabei die folgenden Vorschläge nutzen:

5
Material ordnen, eine Gliederung anfertigen

Gliederungspunkte	Stichpunkte dazu

1. <u>Einstieg</u>
   – Ausgehen von
     • einem Bild
     • einer Situationsbeschreibung
     • einer statistischen Angabe
     • einer interessanten Frage
     • einem Zitat
     • einem Gag	

2. <u>Hauptteil</u>
   – Ableiten von Teilproblemen / Fragen aus dem Thema
   – Behandeln der Teilprobleme/Fragen, dabei u. a.
     • Darstellen von Fakten
     • Klären von Begriffen
     • Herstellen von Zusammenhängen
   – evtl. Einbeziehen eines aktuellen Ereignisses	

3. <u>Schluss</u>
   – knappes Zusammenfassen des Vorgetragenen
   – Nennen von Gesichtspunkten für die weitere Beschäftigung mit dem Thema
   – Anführen weiterer Informationsquellen
   – Appellieren (z. B. Spendenaufruf bei Naturkatastrophe)	

b) Notieren Sie Stichpunkte zu den einzelnen Gliederungspunkten! Benutzen Sie eine Karteikarte im DIN-A4-Format!

c) Übertragen Sie Ihre Gliederung auf Folie und erläutern Sie sie! Begründen Sie dabei die Auswahl der Fakten und deren Abfolge!

Wenn Sie einen **Kurzvortrag halten**, dann sollten Sie die Fähigkeit Ihrer Zuhörer, Informationen aufzunehmen und zu verarbeiten, nicht überfordern.
Deshalb:
– Das Thema klar und eindeutig formulieren!
– Nicht nach Vollständigkeit streben!
– Vom Allgemeinwissen der Zuhörer ausgehen und dieses durch spezielle Fakten und Zusammenhänge bereichern!
– Durch interessante Fakten das Interesse der Zuhörer wecken und die Fakten durch anschauliche Beschreibungen, auch durch Bilder und Grafiken, ergänzen!
– Nicht zu viele Fachtermini benutzen, bei Verwendung deren Bedeutung klären!

einen Kurzvortrag halten

6 a) Überprüfen Sie anhand der Aussagen im Rahmen Ihre Gliederung noch einmal!
Nehmen Sie – wenn nötig – Veränderungen vor!
b) Anfang und Abschluss eines Vortrags bereiten oft besondere Schwierigkeiten.
Formulieren Sie deshalb Anfang und Schluss Ihres Kurzvortrags wörtlich aus!

7 Die Wirkung, die Sie mit Ihrem Vortrag erreichen, ergibt sich nicht nur aus dem Inhalt Ihrer Ausführungen, sondern auch aus der Art der Darstellung.
a) Jeder von Ihnen kennt gute und weniger gute Redner.
Was sollte ein Vortragender Ihrer Meinung nach besonders beachten?
Schreiben Sie einige Regeln auf!
b) Welche Schlussfolgerungen ziehen Sie als Rednerin / als Redner aus den folgenden Sachverhalten? Formulieren Sie daraus einige Empfehlungen!

• Reden ist etwas anderes als Schreiben.
• Die Wirkung einer Rede wird in hohem Maße durch die Mimik, Gestik und Körperhaltung sowie durch die Sprechweise bestimmt.

8 a) Beschaffen Sie sich – wenn nötig – weitere Informationen zum Thema „Der Wind und seine verheerenden Wirkungen"!
Halten Sie den Kurzvortrag vor der Klasse!
Bemühen Sie sich um sicheres Auftreten! Gegebenenfalls sollten Sie Ihren Vortrag vorher zu Hause vor dem Spiegel üben.

b) Beurteilen Sie sich gegenseitig! Beachten Sie dabei die folgenden Gesichtspunkte:

- – Sind Auswahl und Anordnung der Fakten so erfolgt, dass das Ziel, die anderen zu interessieren und zu informieren, erreicht wurde?
- – War die Darstellung verständlich und anschaulich genug?
- – Welche Wirkung ging von Mimik und Ausdrucksbewegungen der/des Vortragenden aus?
- – Wie wirkte ihre/seine Sprechweise (Sprechtempo, Pausengestaltung, Lautstärke, Akzentuierung von Wesentlichem)?
- – Welche Hinweise würden Sie der/dem Vortragenden geben?

In einer 9. Klasse gibt es Streit um den bevorstehenden Wandertag. Der größte Teil der Schülerinnen und Schüler möchte eine Computermesse besuchen. Die anderen wollen eine Radtour machen. Es wird eine Diskussionsrunde angesetzt. Eine Schülerin übernimmt es, einen einleitenden Kurzvortrag zu halten. Sie steht aufseiten derer, die die Computermesse besuchen wollen.

9
einen Kurzvortrag zur Vorbereitung auf eine Diskussion halten

a) Welches Ziel wird die Vortragende verfolgen? Formulieren sie es möglichst genau!
b) Welche Methoden der Materialsammlung würden Sie bei der Vorbereitung auf diesen Kurzvortrag anwenden?
c) Worin sehen Sie Unterschiede zu einer Materialsammlung für einen sachbetonten, informierenden Kurzvortrag?
Tauschen Sie sich darüber aus!

Auf der CeBit-Messe
in Hannover

Immer dann, wenn Sie jemanden von etwas überzeugen wollen, setzt die Suche nach guten **Argumenten** ein.

Argumente sind Beweismittel, z. B.

Fakten (Tatsachen)	*Auf der Messe wird der neuste Stand der Entwicklung von Computern demonstriert.*
Behauptungen (+ Begründungen)	*Wer den Computer nicht beherrscht, hat weniger berufliche Chancen, weil ...*
Beispiele	*Bei Connys Bewerbungsgespräch wurde zuerst nach ihren Computerkenntnissen gefragt.*
Zitate / **statistische Angaben**	*Ein Wissenschaftler berichtet: „Das erste Elektronengehirn brauchte für eine einfache Multiplikation 5 Minuten. Jetzt ...“*

Ihre Argumente sollten sowohl **sachbezogen** als auch **personenbezogen** sein. Sie sollten immer auch mögliche Gegenargumente ihrer Zuhörer bedenken.

(Vgl. hierzu auch Abschnitte „Argumentieren“ und „Diskutieren“, S. 5 ff.)

10

Argumente bereitstellen

a) Stellen Sie Sachargumente zusammen, die für den Besuch der Computermesse sprechen!

b) Welche Argumente würden Sie anführen, um den speziellen Personenkreis, Schülerinnen und Schüler einer 9. Klasse, für den Besuch der Computermesse zu gewinnen?

c) Welche Argumente könnten gegen den Messebesuch und für die Fahrradtour ins Feld geführt werden? Notieren Sie einige Möglichkeiten!

d) Welches der Argumente pro und kontra Messebesuch halten Sie für das jeweils schlagkräftigste? Begründen Sie Ihre Entscheidung!

CeBit-Messe
in Hannover:
Virtual Reality

a) Entwickeln Sie eine Argumentation, mit der Sie Ihre Zuhörerinnen und Zuhörer für den Besuch einer Computermesse gewinnen wollen! Ihr Beitrag soll die sich anschließende Diskussion in dieser Richtung beeinflussen. **11**

b) Die in Aufgabe a) von Ihnen entwickelte Argumentation soll den Kern (Hauptteil) Ihres Kurzvortrags darstellen. Ergänzen Sie ihn, indem Sie einen geeigneten Einstieg und einen passenden Schluss formulieren!

a) Halten Sie Ihren Kurzvortrag (Aufg. 11)! **12**

b) Beurteilen Sie sich gegenseitig! Beachten Sie dabei Folgendes:
- Waren die vorgetragenen Argumente überzeugend?
- Haben Gestik und Mimik zu einem positiven Eindruck beigetragen?
- Welche Hinweise können Sie der Vortragenden / dem Vortragenden geben?

Sich auf ein Vorstellungsgespräch vorbereiten

a) „Jetzt beginnt der Ernst des Lebens!" Das ist ein im Zusammenhang mit Schulabschluss und Berufswahl oft gehörter Satz. Und tatsächlich beginnt mit der Berufswahl ein Prozess, der entscheidenden Einfluss auf Ihr weiteres Leben hat. **1**

Gewiss hat sich jeder von Ihnen bereits Gedanken über seine Zukunft gemacht und auch bestimmte Vorstellungen von seinem zukünftigen Beruf entwickelt. Tauschen Sie sich in der Klasse/ Gruppe darüber aus!

b) Erläutern Sie, wie Ihr Berufswunsch entstanden ist! Wo haben Sie Informationen erhalten? Wer/Was hat Ihnen bei Ihrer Berufswahl geholfen?

Zu einem **Vorstellungsgespräch** können Sie eingeladen werden, wenn Sie sich in einer Firma um einen Ferienjob oder um ein Praktikum bemühen. Von besonderer Bedeutung ist dieser Termin jedoch für Sie bei einer Bewerbung um einen Ausbildungsplatz.

Das Vorstellungsgespräch ist ausschlaggebend für Ihre Einstellung. Wenn Ihre Bewerbungsunterlagen den Erwartungen entsprochen haben, will sich der Vertreter der Firma (meist der Personalchef oder der Meister) in einem Vorstellungsgespräch ein genaueres Bild von einer Auswahl von Bewerberinnen und Bewerbern machen. Deshalb sollten Sie auf Folgendes besonders achten:

– Pünktlichkeit (lieber etwas zeitiger erscheinen als zu spät),
– sauberes, gepflegtes Aussehen,
– Höflichkeit und gute Umgangsformen (freundlich, korrekt, sachlich).

Auf das Gespräch sollten Sie sich auch inhaltlich gut vorbereiten.

Jan hatte um 15 Uhr einen
Vorstellungstermin.

2

sich auf ein Vorstellungsgespräch vorbereiten

Sie sind zu einem Vorstellungsgespräch eingeladen worden. Um auf das Gespräch entsprechend vorbereitet zu sein, sollten Sie zu Hause Antworten auf folgende Fragen suchen:

– Weshalb möchte ich gerade diesen Beruf erlernen?
– Was weiß ich über den Beruf (Anforderungen, Arbeitsaufgaben)?
– Was kann ich über den Inhalt der Ausbildung bereits sagen?
– Wo habe ich mich informiert? Von wem habe ich Rat und Hilfe bekommen?
– Warum habe ich mich gerade bei dieser Firma beworben?
– Habe ich schon Erfahrungen mit anderen Bewerbungen gemacht?
– Welche Stärken und Schwächen habe ich?

Wenn Sie auf diese Fragen antworten und bestimmte Sachverhalte einleuchtend erklären können, haben Sie eine wichtige Voraussetzung dafür geschaffen, dass das Gespräch erfolgreich verläuft.

Folgende Themen könnten in einem Vorstellungsgespräch angesprochen werden:

3

- Motive für die Berufswahl (Warum wollen Sie diesen Beruf erlernen? Weshalb gerade in dieser Firma?),
- Wissen, Kenntnisse über den zukünftigen Beruf (Tätigkeitsfeld, Arbeitszeiten, Ausbildungsdauer, …),
- Schulbildung, familiäres Umfeld,
- Freizeit, Hobbys,
- eigene zukünftige Familienplanung,
- aktuelles allgemeines Zeitgeschehen.

a) Notieren Sie sich zu jedem Thema möglichst viele Fragen!
b) Bitten Sie jemanden aus Ihrer Familie oder eine Freundin / einen Freund, Ihnen diese Fragen zu stellen! Beantworten Sie sie, ohne Hilfsmittel zu verwenden!

Auf welche Qualitäten achten Personalchefs, wenn sich junge Leute um eine Lehrstelle bewerben? Zum „Tag der offenen Tür" in der Heinrich-Heine-Schule waren Personalchefs aus verschiedenen Branchen gekommen. Auf die Frage, welche Anforderungen sie an zukünftige Auszubildende in ihrer Firma stellen, gaben sie z. B. die folgenden Antworten:

4

Bank: Ausbildung zur/zum
Bankkauffrau/mann

Bei uns herrscht immer viel Andrang, oft haben wir drei Bewerber auf einen Ausbildungsplatz. Wir nehmen Abiturienten und Realschüler, wobei darauf geachtet wird, dass je zur Hälfte männliche und weibliche Bewerber eingestellt werden.
Erstes Kriterium der Auswahl ist das Zeugnis; wir erwarten sehr gute bis gute Noten in Deutsch, Mathematik, Fremdsprachen und sozialkundlichen Fächern. Bei einem Eignungstest werden solide Rechtschreibkenntnisse und rechnerische Sicherheit und Schnelligkeit abverlangt. Mit jedem Bewerber, der diesen Test bestanden hat, wird ein persönliches Gespräch geführt, um einen Eindruck davon zu erhalten, welche Umgangsformen und was für ein Auftreten der junge Mensch hat. Da wir viel Kundenkontakt pflegen, ist ein angenehmes Äußeres sehr wichtig. Wer nachlässig gekleidet erscheint, hat das Nachsehen.

Warenhaus: Ausbildung zur/zum
Einzelhandelskauffrau/mann

Wir nehmen gern Realschüler, aber der Beruf der/des Einzelhandelskauffrau/manns ist bei den jungen Leuten nicht so beliebt, deshalb haben wir keinen so großen Ansturm auf unsere Ausbildungsplätze. Der Grund liegt in der ungünstigen Arbeitszeit.

Zunächst sehen wir uns die Zeugnisse an, die im Durchschnitt gut sein sollten, ein paar schlechte Noten zählen jedoch nicht. Wir haben die Erfahrung gemacht, dass sich auch weniger gut benotete Schüler in der Praxis bewähren. Danach bewerten wir die persönliche Erscheinung der Bewerber. Unsere zukünftigen Auszubildenden müssen sympathisch, freundlich, kontaktfreudig, höflich und hilfsbereit sein. Bei Verkaufsgesprächen kann es hin und wieder zu Konflikten kommen; dabei ist Sachlichkeit gefragt, rechthaberisches Verhalten ist hier völlig fehl am Platz.

a) Wie gehen die beiden Personalverantwortlichen an die Auswahl von Bewerbern für einen Ausbildungsplatz heran?

b) Notieren Sie, auf welche Voraussetzungen, Fähigkeiten und Eigenschaften jeweils besonderer Wert gelegt wird!
Werden Begründungen für bestimmte Anforderungen gegeben? Wenn ja, welche?

c) Welche Voraussetzungen/Eigenschaften werden von beiden gleichermaßen gefordert?

5 a) Bei einem Vorstellungsgespräch können Sie nach ihren Stärken und Schwächen gefragt werden. Bereiten Sie sich darauf vor, indem Sie diese in einer Tabelle gegenüberstellen! Dieses Vorgehen verlangt Ehrlichkeit. Da dies Ihre ganz persönliche Vorbereitung ist, brauchen Sie Ihre Aufzeichnungen niemandem zu zeigen.

b) Sprechen Sie darüber, ob und wie Sie charakterliche Mängel abbauen oder wie Sie mit ihnen umgehen können!

6 a) Äußern Sie sich zu der folgenden Behauptung: Ein Vorstellungsgespräch ist kein Gespräch, es ist der ungleiche Kampf zwischen einem Riesen und einem Zwerg!

b) Sprechen Sie darüber, ob man während eines Vorstellungsgesprächs auch Kritisches äußern oder sich selbst loben sollte!

Eine Schülerin (S) wird auf ihre Bewerbung hin vom Chef des Personalbüros (CP) zu einem Vorstellungsgespräch eingeladen:

CP: Warum haben Sie sich gerade bei uns beworben?

S: Ich habe über das Hotelwesen sehr viel gelesen, Romane. Ich habe auch Filme gesehen. Ich stelle mir die Arbeit als Hotelfachfrau interessant vor.

CP: Sind Sie der Meinung, dass das, was Sie in Fernsehsendungen über diesen Beruf gesehen haben, der Realität entspricht?

S: Ich denke schon, dass zum größten Teil wahr ist, was gezeigt wird.

CP: Welche Vorstellung haben Sie denn vom Beruf der Hotelfachfrau?

S: Ja ... äh ... ich denke, sie muss gut aussehen, Gespräche führen können, ich glaube, auch eine Fremdsprache beherrschen.

CP: Gespräche führen können, das ist ein interessanter Ansatzpunkt. Ich bin Hotelgast, beginnen Sie ein Gespräch mit mir!

S: Ja, worüber soll ich denn jetzt reden? Da fällt mir so schnell nichts ein.

CP: Aber zur Fremdsprache fällt Ihnen etwas ein, ja?

S: Wie meinen Sie das?

CP: Welches ist Ihre Fremdsprache, wie kommen Sie damit zurecht, haben Sie schon eine Sprachreise unternommen, erzählen Sie doch mal!

S: Nein, ich habe noch keine Sprachreise gemacht. In der Schule habe ich Englischunterricht.

CP: Fällt Ihnen das freie Reden schwer?

S: Och, nein.

CP: Ich habe keine weiteren Fragen. Wir werden uns bei Ihnen melden.

a) Meinen Sie, dass die Schülerin in diesem Gespräch erfolgreich war? Begründen Sie Ihre Meinung!
Welche Antworten sind Ihres Erachtens ungeschickt formuliert?
Wo hätte die Bewerberin anders reagieren sollen? Wie?

b) Führen Sie das Gespräch in veränderter Form in einem Rollenspiel!

8 Nach dem „eigentlichen" Vorstellungsgespräch erhält der Bewerber meistens die Möglichkeit, Fragen an seinen Gesprächspartner zu stellen. Auch auf diese Situation sollten Sie vorbereitet sein.

Notieren Sie Fragen, die sich auf den von Ihnen gewählten Beruf beziehen, und auch solche, die die Firma betreffen!

9
Vorstellungsgespräche im Rollenspiel üben

Auf ein Vorstellungsgespräch können Sie sich am besten vorbereiten, indem Sie es in Rollenspielen üben.

a) Besetzen Sie die Rollen der Bewerberin / des Bewerbers und die der Personalchefin / des Personalchefs!
Alle anderen sind Beobachter, die das Gespräch anschließend zu bewerten haben.
Legen Sie eine Spieldauer fest!

b) Die Spieler bereiten sich inhaltlich auf ihre Rollen vor:
– Wählen Sie nur solche Berufe aus, über die Sie sich informiert haben!
– Einigen Sie sich auf eine der folgenden Ausgangssituationen für das Gespräch oder wählen Sie eine andere:

• Die Bewerberin / Der Bewerber hat sich schriftlich auf eine Zeitungsanzeige beworben.
• Sie/Er hat bereits einen Eignungstest in dieser Firma bestanden.
• Sie/Er hat sich telefonisch beworben und bringt ihre/seine Unterlagen zum Gespräch mit.
• Sie/Er kommt auf Empfehlung eines Firmenmitarbeiters.

c) Die Beobachter legen fest, was alles bewertet werden soll:
Ergänzen Sie die folgende Checkliste, mit deren Hilfe Sie Ihre Leistungen analysieren und bewerten können!

– Wie wurde die Gesprächseröffnung gemeistert? (sicheres Auftreten, …)
– Welche Körperhaltung hat die Bewerberin / der Bewerber während des Gesprächs eingenommen? (lässig, steif, …)
– Wie wurde auf Fragen reagiert? (Zögern, Einwortsätze, …)
– Wie wurde reagiert, wenn Fragen nicht beantwortet werden konnten? (keine Antwort, verschämtes Lächeln, …)

d) Führen Sie das Rollenspiel durch und werten Sie es anschließend aus!
Verteilen Sie die Rollen danach erneut!

10 Wenn Ihre Rollenspiele (Aufg. 9) eine gewisse Qualität erreicht haben, sollte eine/einer von Ihnen einige der Gespräche mit der Videokamera aufnehmen.

Schauen Sie sich Ihre Leistungen kritisch an! Stellen Sie fest, wo Sie sich noch geschickter verhalten können, und üben Sie gezielt weiter!

Wozu erörtern?

In der folgenden Übersicht werden im Zusammenhang mit dem Erörtern eine Reihe von Lernzielen genannt, die in den Rahmenrichtlinien verschiedener Bundesländer für das 9. und 10. Schuljahr angegeben werden.

1
Lernziele bestimmen

a) Welche davon beherrschen Sie Ihrer Meinung nach, welche nur unzureichend?

1. <u>Aufgabe erfassen</u>
   – Themen analysieren, Fragen formulieren
   – Probleme erkennen und Teilprobleme ableiten
2. <u>Stoff sammeln und aufbereiten</u>
   – Lösungsweg festlegen
   – Standpunkte formulieren
   – Argumente sammeln
   – Ergebnisse werten
   – Gliederung anfertigen
3. <u>Erörterungen zusammenhängend formulieren</u>
   – Probleme schriftlich darstellen
   – Textteile formulieren
   – Darstellungs- und Formulierungsweisen erproben, z. B. solche
     • des Auflockerns und Verdichtens oder solche
     • des Verknüpfens
4. <u>Erörterungen überarbeiten</u>
   – Bewertungskriterien anwenden
   – Verfahren des Überarbeitens anwenden
5. <u>Endfassung herstellen</u>
   – z. B. auf PC

BEIER

b) Benennen Sie Lernziele, die Ihnen für das 9. Schuljahr als besonders wichtig erscheinen, und solche, die Sie als besonders schwierig einschätzen!

c) Stellen Sie gemeinsam mit Ihrer Deutschlehrerin / Ihrem Deutschlehrer einen Plan auf, wie Sie die unter b) genannten Ziele erreichen wollen!

Informieren Sie sich in diesem Zusammenhang auch darüber, was Ihnen in Ihrem Sprachbuch dazu angeboten wird!

2 Erörtern heißt, ein Problem mit sprachlichen Mitteln zu bearbeiten und darzustellen. Daraus ergeben sich ganz bestimmte Anforderungen an die sprachliche Gestaltung eines erörternden Textes.
Wie sollte eine Erörterung Ihrer Meinung nach formuliert sein? Wählen Sie aus den folgenden Stilqualitäten aus und begründen Sie Ihre Wahl!

deutlich, verständlich, anschaulich, bildhaft, klar, knapp, ausführlich, lebendig, geordnet, spannend, einfühlsam, mitreißend, überzeugend, folgerichtig, treffend, genau

3

Beziehungen zwischen Erörtern und Argumentieren feststellen

a) Zwischen dem Erörtern und dem Argumentieren (vgl. S. 5 ff.) gibt es sowohl Unterschiede als auch Gemeinsamkeiten.
Schauen Sie sich unter diesem Gesichtspunkt die folgende Tabelle an und versuchen Sie ihren Inhalt zu erläutern!

	Erörtern	Argumentieren
sprachliche Operation	Problem darstellen	Behauptung begründen, beweisen
Darstellungs-gegenstand	Problem	Behauptung
Ziel	klären	überzeugen
Orientierung auf	Erkenntnis	Partner
Bereich	Schule, Wissenschaft	Zusammenleben
Sprache	genau, begrifflich, differenzierend	verständlich, bewegend, vereinfachend

b) Eine Argumentation kann Teil einer Erörterung sein.
Versuchen Sie zu erläutern, warum das so ist!

zwei Arten von Erörterungen

Unter **Erörtern** versteht man
– die (meist schriftliche) **Darstellung eines Problems** (Problemerörterung) oder
– die (schriftliche) **Argumentation zu einer Behauptung** (argumentierende Erörterung).
Ein Problem liegt z. B. dann vor, wenn Ihr Wissen nicht ausreicht, um eine Aufgabe zu lösen, eine Frage zu beantworten, einen Sachverhalt zu klären, und wenn Sie diese Wissenslücke schließen müssen. Im Zentrum der **Problemerörterung** stehen die Analyse des Problems und seine Bearbeitung sowie die (meist schriftliche) Formulierung/Darstellung der dabei erzielten Ergebnisse.
Gegenstand einer **argumentierenden Erörterung** ist eine strittige Behauptung, die mithilfe von Argumenten gestützt werden muss.

a) Informieren Sie sich in Nachschlagewerken über die Begriffe *Problem* und *Argument*!

Tauschen Sie sich über Ihre Ergebnisse aus!

b) Schreiben Sie eine Definition dieser Begriffe auf!

Vergleichen Sie Ihre Ergebnisse miteinander und korrigieren Sie gegebenenfalls!

4

> Um ein **Problem erörtern** zu können, müssen Sie es zunächst erkennen und benennen. Problem ist nicht gleich Problem; Probleme unterscheiden sich nach der Art der „Lücke" in Ihrem Wissen.
> Bei dem Versuch, ein Problem zu erkennen und zu bearbeiten, sollten Sie deshalb als Erstes stets fragen:
> Was ist bekannt, was ist gegeben? Und: Was ist nicht bekannt, was wird gesucht? Wo liegt also die Lücke in meinem Wissen?
> Ein Problem könnte z. B. die Frage nach der Ursache für etwas oder auch die Frage nach den Folgen von etwas sein.

Wonach wird in den folgenden Aufgabenstellungen gefragt? Was wird gesucht? Versuchen Sie das Problem zu benennen!

5
Probleme erkennen

(1) Welche Folgen hat die Abholzung des Regenwaldes für das Weltklima?

(2) Wie erklärt sich der Rückgang heimischer Orchideen in den letzten 20 Jahren?

(3) Wie können vom Aussterben bedrohte Tier- und Pflanzenarten gerettet werden?

Schauen Sie sich einmal Lehrbücher anderer Fächer an und stellen Sie fest, welche Problemstellungen Sie darin finden!

Notieren Sie einige und tauschen Sie sich in der Klasse darüber aus!

6

a) Welche Probleme sähen Sie selbst gern gelöst? Welcher Art sind diese Probleme?

b) Formulieren Sie Fragen zu den von Ihnen benannten Problemen!

7

Einer Klasse wurden folgende Erörterungsthemen gestellt:

8
Themen analysieren

(1) Erschwert uns das Fernsehen, unabhängig zu denken?

(2) Viele junge Menschen finden es heute schwer, mit der Generation ihrer Eltern zu reden und sie zu verstehen

(3) Was würde geschehen, wenn Schüler mehr Einfluss auf die Inhalte und Methoden der Schule hätten?

(4) Wie könnte die Welt aussehen, wenn die Rolle der Frau in der Gesellschaft radikal verändert würde?

(5) Die Sorge um den Besitz hindert – mehr als irgendetwas sonst – die Menschen daran, frei und moralisch zu leben

(6) Fühlt sich der Mensch nicht inmitten der Masse oft schrecklich allein?

a) Welche Themen sollte man anders formulieren, damit das Problem deutlicher erkennbar wird?
Formulieren Sie diese Themen um!

b) Welche Probleme sind in den Themen (1) bis (6) im Einzelnen enthalten? Verständigen Sie sich darüber!

9

Probleme in Teilprobleme zerlegen mithilfe von *W*-Fragen:
Wer/Was?
Wann?
Wo?
Warum?
Wie?
Mit *welchen* Mitteln/ Folgen?

a) Schüler einer 9. Klasse haben das Erörterungsthema „Analphabetismus in Deutschland" mithilfe von Fragen in Teilprobleme zerlegt. Schauen Sie sich die Fragen genau an und versuchen Sie weitere Teilprobleme zu benennen!

Thema: Analphabetismus in Deutschland
Probleme: Wie kann es in Deutschland zu Analphabetismus kommen? Wie wirkt er sich auf die Betroffenen aus?
Teilprobleme:
- *Was* bedeutet Analphabetismus?
- *Wie* hoch ist der Anteil an Analphabeten in Deutschland?
- *Wie* hoch ist er in anderen Ländern? In *welchen* Ländern?
- *Warum* haben in Deutschland Menschen nicht lesen und schreiben gelernt?
- *Wer* sind diese Menschen? Aus *welchen* Schichten, Familien, ... kommen sie?
- *Wie* ergeht es Analphabeten in Deutschland? *Welche* Erfahrungen machen sie?
- *Welche* Folgen hat Analphabetismus in Deutschland / in Europa / in anderen Kulturen?

Mit 80 lesen und schreiben lernen

b) Um die Teilprobleme lösen zu können, müssen Sie sich informieren und Stoff sammeln. Dafür gibt es verschiedene Methoden, z. B. Auswerten von statistischem Material oder Durchführen von Befragungen.

Welche Methoden schlagen Sie vor? Legen Sie eine zweispaltige Tabelle an! Tragen Sie links die Teilprobleme ein und rechts die Methoden, mit deren Hilfe Sie die Antworten finden können!

Probleme können Sie auch mithilfe von so genannten Ideenfallen **aufbereiten.** Dabei werden zwei wesentliche Methoden unterschieden, die Brainstorming[1]-Methode und die Clustering[2]-Methode.

Brainstorming:
1. alle Einfälle ungeordnet auflisten,
2. Einfälle nach Brauchbarkeit bewerten und ordnen,
3. eine Idee auswählen und darüber schreiben.

Clustering:
1. zentralen Begriff des Themas in der Mitte eines Blattes Papier einkreisen,
2. Einfälle dazu (z. B. weitere Begriffe) in weitere Kreise schreiben,
3. durch Linien mögliche Beziehungen zwischen den Kreisen herstellen,
4. aufhören, wenn klar ist, worüber Sie schreiben wollen.

Das Thema „Gleichstellung von Mann und Frau" wurde im Folgenden einmal nach der Brainstorming-Methode und einmal nach der Clustering-Methode aufbereitet:

10
Probleme aufbereiten mithilfe von „Ideenfallen"

Brainstorming
- Beispiele aus der Literatur
- Frauenschicksale in der Geschichte
- § 218
- Debatten im Bundestag
- Verfassungsartikel
- Artikel zum § 218 in Zeitungen/Zeitschriften
- Kontaktanzeigen (Frauen über sich, Männer über Frauen)
- Lernen in der Schule, Mädchenschulen
- Bildungs- und Berufsmöglichkeiten
- Bezahlung
- Anzahl der Kinder
- Religion
- Frauen in anderen Ländern

---

[1] [ˈbreːnstɔː(r)miŋ] [2] [ˈklastəriŋ] „Haufen bilden"

clustering

a) Setzen Sie die Ideensammlung nach der Brainstorming-Methode fort!

b) Schauen Sie sich Ihre Sammlung nun ganz genau an und versuchen Sie Teilprobleme des Themas zu erkennen!
Notieren Sie diese!

c) Ordnen Sie Ihre Ideen (Aufg. a) den Teilproblemen, die Sie in Aufgabe b) ermittelt haben, zu!

d) Sehen Sie sich nun die Aufbereitung des Themas nach der Clustering-Methode an!
Stellen Sie zwischen den Kreisen des Musters, die inhaltlich in Beziehung stehen, Verbindungen her, indem Sie weitere Linien ziehen (Überdeckfolie)!
Welche Teilprobleme lassen sich dadurch erkennen? Formulieren Sie diese in Frageform!

11 Bereiten Sie das Thema „Gleichberechtigung in der Schule" mithilfe beider Methoden auf!
(Sie können auch ein eigenes Thema wählen, das Sie aufbereiten möchten.)

In einer **argumentierenden Erörterung** geht es zunächst darum, zu einem gegebenen Thema einen Standpunkt zu formulieren. Das kann in Form einer Aussage/Behauptung geschehen. Danach muss dieser Standpunkt mithilfe von Argumenten begründet/bewiesen werden.

a) Formulieren Sie einen Standpunkt zu dem Thema „Gleichberechtigung in der Schule" in Form einer Aussage/Behauptung! Versuchen Sie diesen Standpunkt zu begründen!

b) Vergleichen Sie die in Ihrer Klasse/Gruppe formulierten Standpunkte! Sprechen Sie darüber!

**12
Standpunkte
formulieren**

Zu der Frage „Welche Rolle spielt der Computer im Leben von Mädchen/Jungen?" formuliert ein Schüler seinen Standpunkt in Form der folgenden Aussage/Behauptung:

13

„Jungen sind viel mehr an Computern interessiert als Mädchen und sie verstehen auch mehr davon."

a) Welchen Standpunkt vertreten Sie zu diesem Problem? Notieren Sie ihn in Form einer Aussage!

b) Versuchen Sie Ihren Standpunkt zu begründen!

Lesen Sie den folgenden Text und notieren Sie die in ihm enthaltenen Aussagen/Behauptungen!

14

Hat der Computer ein Geschlecht?

Diese Frage ist an der Universität Konstanz untersucht worden. Danach interessieren sich Jungen deutlich mehr für Computer, besitzen Jungen sehr viel häufiger ein eigenes Gerät und verbringen einen wesentlich höheren Anteil ihrer Zeit mit Computern. Die Zugangsmöglichkeiten der Mädchen sind meistens über Väter, Brüder oder Freunde gegeben.

Aufschlussreich ist auch das unterschiedliche Interesse, das Mädchen und Jungen an den verschiedenen Computerthemen haben. Als Ergebnis dieser Studie – und es deckt sich mit einer Reihe anderer Studien – kann festgehalten werden: Jungen interessieren sich primär für die Technik des Computers, für sein Funktionieren, das Programmieren, die sachgerechte Bedienung der Geräte; sie füllen mit diesen Beschäftigungen ihre Freizeit aus und fragen nach Berufen, in denen sich ihre technischen Interessen weiterentwickeln lassen. Mädchen stellen nicht den Computer ins Zentrum, sondern beziehen ihn in ihre Lebensbereiche ein, fragen eher nach Möglichkeiten, das Lernen zu unterstützen, nach der Rolle, die der Computer in verschiedenen Berufen einnimmt und nach Folgen, nach Vor- und Nachteilen, die der Computer den Menschen bringt.

15

Argumente sammeln:
– Grafiken auswerten

a) Schauen Sie sich diese beiden Grafiken an! Geben Sie in wenigen Sätzen wieder, was sie aussagen!

Computerbesitzer/innen:
Interesse, Benutzung
(Befragung in Hessen)

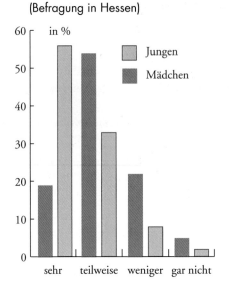

Ergebnisse mehrerer
Untersuchungen:
Für Computer interessieren sich ...

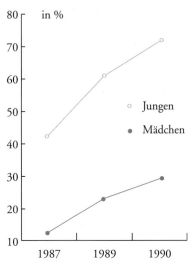

b) In Aufgabe 13 haben Sie Ihren Standpunkt zu der Frage „Welche Rolle spielt der Computer im Leben von Mädchen/Jungen?" formuliert und versucht ihn zu begründen.
Welche Argumente können Sie aus den Grafiken gewinnen? Formulieren Sie sie schriftlich! (Sie können so beginnen: *Wie die Grafiken zeigen, ...*)

c) Formulieren Sie die Argumente nun mündlich, ohne sich auf die Grafiken zu beziehen!

16

– Befragungen
durchführen und
auswerten

Sie wollen zu der folgenden Aussage/Behauptung eine Befragung an Ihrer Schule durchführen:

„An unserer Schule sind die Mädchen benachteiligt."

a) Erarbeiten Sie einen Fragebogen! Beachten Sie bei seiner Anlage, dass die anschließende Auswertung problemlos verlaufen sollte!

b) Werten Sie die Antworten aus, indem Sie
  – gleiche Antworten zusammenstellen,
  – unterschiedliche Antworten festhalten,
  – eine mengenmäßige Analyse durchführen!

c) Formulieren Sie anhand Ihrer Ergebnisse Argumente, die f ü r die Behauptung sprechen, und solche, die d a g e g e n richten!

Untersuchen Sie Ihr Sprachbuch daraufhin, welche Rolle darin Mädchen/Frauen bzw. Jungen/Männer spielen! Ermitteln Sie z. B.,
– wie häufig Mädchen/Frauen bzw. Jungen/Männer in Texten und Bildern vorkommen,
– welche Berufe Frauen, welche Männern zugeschrieben werden,
– wer vorherrschend erscheint u. a. m.

17
– **eine Textanalyse vornehmen**

Alles, was Sie in den Aufgaben 4 bis 17 erarbeitet haben, sind Arbeitsschritte zur Vorbereitung von Erörterungen.
Stellen Sie nun zwei Arbeitsprogramme auf, eins für eine Problemerörterung und eins für eine argumentierende Erörterung!
Wählen Sie aus der folgenden Aufstellung die jeweils zugehörigen Arbeitsschritte aus und bringen Sie sie in die richtige Reihenfolge! Beachten Sie dabei, dass einige davon in beiden Arbeitsprogrammen vorkommen! Ergänzen Sie weitere notwendige Arbeitsschritte!

18
ein Arbeitsprogramm aufstellen

– Literatur auswerten
– Problem als Frage formulieren
– Teilprobleme ordnen
– Thema analysieren / Problem erkennen
– Argumente sammeln
– Grafiken auswerten
– Standpunkte formulieren
– Problem mithilfe von *W*-Fragen in Teilprobleme zerlegen
– Stoff sammeln
– Problem mithilfe von „Ideenfallen" in Teilprobleme zerlegen

Sie erhalten die Aufgabe, eine Erörterung darüber vorzubereiten, welche Rolle Mädchen und Frauen in Ihrem Sprachbuch spielen.
a) Überlegen Sie, ob dieses Thema auf eine Problemerörterung oder eine argumentierende Erörterung hinzielt! Sprechen Sie darüber!
b) Nutzen Sie das entsprechende Arbeitsprogramm (Ergebnis von Aufg. 18) und fertigen Sie erste Notizen zu den einzelnen Arbeitsschritten an!

19
🙶

Eine Erörterung gliedern

Sie wissen, dass Texte in der Regel gegliedert sind, z. B. *chronologisch, nach räumlicher Nachbarschaft, nach Wichtigkeit für den Leser.*
Welche der genannten Gliederungsprinzipien würden Sie einer Erzählung, welche einer Vorgangsbeschreibung, welche einer Gegenstandsbeschreibung und welche einem Bericht zuordnen?
Begründen Sie Ihre Meinung! Tauschen Sie sich darüber aus!

20

Bei einer **Erörterung** muss man Gedanken ordnen. Dafür gelten besondere **Gliederungsprinzipien.**

Erörterungstexte bestehen aus drei Teilen:

1. **Einleitung,**
2. **Hauptteil,**
3. **Schluss.**

Das Gliederungsprinzip für eine **Problemerörterung** ist die **Logik** der Gedankenführung.

Das Gliederungsprinzip für eine **argumentierende Erörterung** ist die **Wirkung,** die mit dem Text erzielt werden soll.

21 Verständigen Sie sich über die Begriffe *Logik* bzw. *logisch* und *Wirkung*! Ziehen Sie Wörterbücher zurate!

eine Problemerörterung gliedern

22 Ordnen Sie die folgenden Bestandteile des Hauptteils einer Problemerörterung nach logischen Gesichtspunkten!

Ergebnis darstellen – Teilprobleme benennen – Problem nennen und charakterisieren – Teilprobleme bearbeiten – Problembearbeitung zusammenfassen

Eine **Problemerörterung** können Sie nach diesem Muster **gliedern**:

1	Einleitung
2	Problem nennen und charakterisieren
2.1	Teilprobleme benennen
2.2	Auswahl der Teilprobleme für Bearbeitung begründen
2.2.1	erstes Teilproblem bearbeiten
2.2.2	zweites Teilproblem bearbeiten
…	
2.3	(Teil-)Ergebnisse zusammenfassen
2.4	Ergebnis darstellen
3	Schluss

23 a) Wie könnte der Hauptteil einer Erörterung des Problems „Gleichberechtigung in der Schule" gegliedert werden? Erarbeiten Sie einen Vorschlag! Orientieren Sie sich dabei an dem im Rahmen vorgegebenen Muster!

Die folgenden Punkte können Ihnen vielleicht Anregungen geben:

– Leistungen/Verhalten von Mädchen/Jungen
– Interessen von Mädchen/Jungen
– Gebiete, auf denen sich Gleichberechtigung zeigt
– Gebiete, auf denen sich zeigt, dass Mädchen und Jungen nicht gleichberechtigt sind
– Ursachen für Unterschiede

b) Vergleichen Sie Ihre Gliederungen miteinander!
  Begründen Sie Ihren eigenen Vorschlag! Korrigieren Sie ihn gegebenenfalls!
c) Versuchen Sie Ihre Gliederung in Frageform umzuformulieren!

24

Welche Ihrer Gliederungspunkte (Aufg. 23) können mit den folgenden Punkten weiter untergliedert werden? Ordnen Sie die Punkte in Ihre Gliederung ein! Verwenden Sie dazu entweder die Dezimalgliederung (z. B. 2.2.1.1) oder Spiegelstriche (–) vor den Gliederungspunkten!

– die sprachlichen/naturwissenschaftlichen Leistungen von Mädchen/Jungen
– Einstellung zum Unterricht / zum Lernen von Mädchen/Jungen in einzelnen Fächern
– Interessen von Mädchen/Jungen an Themen des Unterrichts
– Einstellung von Mädchen/Jungen zum Computer
– Erziehung im Elternhaus

> Eine **argumentierende Erörterung** können Sie **linear** gliedern. Dabei wird die formulierte Behauptung (vgl. Rahmen, S. 41) **nur in eine Richtung** bearbeitet, d. h., es werden nur die Argumente angeführt, die die Richtigkeit der Behauptung nachweisen sollen, nicht aber solche, die ihr widersprechen.

25
Argumente sammeln

Sie erhalten die Aufgabe, sich mit der folgenden Behauptung argumentierend auseinander zu setzen:

Die aggressive Stimmung und Gewalt gegen Flüchtlinge und Ausländer in unserem Land nimmt besonders bei Jugendlichen zu.

a) Lesen Sie die beiden folgenden Texte und notieren Sie Argumente, die diese Behauptung stützen!

(A)
Appell von Kinder- und JugendbuchautorInnen in der Bundesrepublik Deutschland (Hannover, 1992)

Wir, Kinder- und Jugendbuchautoren in der Bundesrepublik Deutschland, beobachten mit wachsender Sorge, mit Scham und Zorn die zunehmend aggressive Stimmung und Gewalt gegen Flüchtlinge und Ausländer in unserem Land.
Seit 1945 ist in Deutschland eine Kinder- und Jugendliteratur entstanden, die geprägt wurde von der Überzeugung, dass ein friedfertiges Miteinander der Völkergemeinschaften, der Erwachsenen und nicht zuletzt der Kinder oberstes Ziel einer menschlichen Gesellschaft sein muss. Wir alle haben, jeder auf seine Weise, versucht Geschichten zu erzählen, die uns auf dem Weg dorthin ein Stück weiterführen. Eine Gesellschaft wird durch Tradition, soziale Rituale, Uto-

In einer Kinderbibliothek

pien, auch durch Religion oder stabile Gemeinschaften zusammengehalten. Diese Bindungen können nicht folgenlos entwertet und von einem individuellen Kosten-Nutzen-Denken verdrängt werden. Die Kinder und Jugendlichen, die heute Brandsätze werfen, sind in eine Gesellschaft hineingewachsen, die sich zwar sozial nennt, die sie aber als eine brutale Ellbogengesellschaft erleben. Wir Kinder- und Jugendbuchautoren verstehen uns unter anderem als Hüter und Erfinder sozialer Utopien.

Deshalb mahnen wir alle Verantwortlichen in diesem Land und fordern:

– Hass und Gewalt nachdrücklich zu begegnen.
– Die Entwicklung und Ausbildung unserer Kinder und Jugendlichen endlich besser zu fördern und ernst zu nehmen. Lese- und Literaturförderung sind dabei unerlässlich! Ausreichende öffentliche Mittel für Bibliotheken, Begegnungsstätten und Schulen sind dafür unverzichtbar!

Außerdem fordern wir die Politiker aller Parteien auf, sich auf die Geschichte unseres Landes zu besinnen und das in der Verfassung der Bundesrepublik garantierte Asylrecht nicht anzutasten.

(B)

Aus einem Interview mit jugendlichen Besuchern des Prozesses gegen die mutmaßlichen Brandstifter von Mölln (Schleswig, 1993)

[...]

Wie habt ihr damals auf die Möllner Brandanschläge reagiert?
[...]

ANDREAS: Man war ziemlich erschüttert, wenn man die Leichen gesehen hat auf den Bildern.

LARS: Probleme so zu lösen ist reiner Schwachsinn. Mit Mord beseitigt man die Asylanten vielleicht, aber eine Lösung ist das auf keinen Fall.

Eine Lösung für welche Probleme?

ANDREAS: Dass viele Asylanten hier besser leben als wir. Meine Mutter, meine Schwester und ich haben früher selbst vom Sozialamt gelebt und wir haben nie irgendwelche Zuschüsse gekriegt. Aber die Polen nebenan: neue Waschmaschine, neue Stubeneinrichtung, Küchengeräte, die betteln ein bisschen und kriegen das sofort.

LARS: Die meisten Asylbewerber kommen doch nur wegen des Geldes hierher. Wenn sie wenigstens arbeiten würden. Also, ich verdiene 520 Mark im Monat.

BIANCA: Mich ärgert das auch. Wenn ich sehe, wie die jungen Türken, auch hier im Prozess, mit teuren Klamotten herumlaufen. Und ich kann mir vielleicht einmal im Monat eine neue Hose kaufen.

Vielleicht verdienen sie mehr Geld als ihr?

LARS: Wenn die Türken hier was aufbauen, ist es ja in Ordnung. Man muss unterscheiden zwischen Ausländern und Asylanten. Solche Anschläge könnte ich schon deshalb nicht machen, weil ich nicht weiß, wen ich treffe. Ob es ein Betrüger ist oder einer, der seit dreißig Jahren hier lebt.

BIANCA: Oder einer, der nur zum Urlaub hier ist wie das Mädchen in Mölln.

LARS: Ausländer, die dreißig Jahre hier sind, die kriegt man nicht mehr raus.

BIANCA: Die fühlen sich ja auch mehr deutsch als türkisch.

LARS: Gegen die hab ich auch nichts.

Wie „rechts" seid ihr denn?

Lars: Nicht so, dass ich auf die Straße gehe und mit dem rechten Arm in der Luft rumhänge und schreie: „Ausländer raus, Sieg Heil, Sieg Heil!"

Nicht mehr oder noch nicht?

Lars: Nicht mehr. Da bin ich ein bisschen klüger geworden. Ich war richtig drin in der Szene mit fast Glatze. Mit dreizehn fing das an und das ging bis siebzehn, achtzehn, bis ich Bianca kennen lernte. Richtig extrem, als die Mauer aufging.

Wie bist du zu den Skins gekommen?

Lars: Ich hatte Probleme mit den Eltern. Meine Mutter war Hausfrau. Mein Vater ist Koch. Also, meckern kann ich über meine Eltern nicht. Ich hab's nur gut gehabt. Nur, irgendwie habe ich sie immer provoziert, so nach dem Motto: Leckt mich am Arsch! Und als ich in der Schule dann noch Probleme bekam, bin ich durch Bekannte da reingerutscht.

Und was hast du als Skinhead gemacht?

Lars: Wie der Michael Peters im Prozess das so schön sagt: gesoffen und randaliert, durch die Stadt gelaufen, Parolen geschrien.

[…]

b) Tauschen Sie sich über Ihre Ergebnisse aus! Nennen Sie weitere Beispiele zur Begründung der Behauptung „Die aggressive Stimmung und Gewalt gegen Flüchtlinge und Ausländer in unserem Land nimmt besonders bei Jugendlichen zu"!

In einer 9. Klasse wurde die folgende Aufgabe gestellt:

Denk an etwas, wozu du eine ausgeprägte Meinung hast! Das Problem kann etwas mit deiner Familie, der Schule, der Umwelt oder mit der Gesellschaft als Ganzem zu tun haben.
Schreibe einen Aufsatz, um jemanden, der deine Meinung nicht teilt, von deiner Ansicht zu überzeugen!
Dein Aufsatz wird danach beurteilt werden, wie überzeugend deine Argumente sind, wie gut du deinen Standpunkt entwickelst und darlegst und wie klar du dich ausdrückst.

Ein Schüler hat das Thema „Zwei Generationen" gewählt und die Aufgabe so gelöst[1]:

Zwei Generationen

Ich möchte mich zu diesem Thema äußern, denn ich denke, dass es in jedem Haushalt einige Probleme zwischen Eltern und Kindern gibt.
Beide Generationen sind sehr unterschiedlich (auch was das Alter angeht), haben verschiedene Interessen und unterschiedliche Auffassungen vom Leben, sodass es wohl in jeder Familie einige Reibereien gibt.
Als Jugendlicher möchte man sich ein wenig von den Eltern distanzieren, doch meist machen einem die Eltern da einen Strich durch die Rechnung. Sie sind der Meinung, dass man mit stolzen 15 Jahren noch nicht in der Lage ist, manch eine schwierige Situation selbst zu meistern, und sprechen deshalb Verbote aus. Naja, und was verboten ist, macht be-

kanntlich mehr Spaß.
Aber einen Hauptgrund für die Streitigkeiten sehe ich darin, dass auf beiden Seiten ein wenig Toleranz und Vertrauen fehlt. Was ist so schlimm daran, wenn ich ohne die Hilfe meiner Eltern Erfahrungen sammeln will und mich nicht immer bevormunden lassen möchte? Ich bin der Meinung, dass ich mit 15 Jahren reif genug bin, um zu entscheiden, was richtig und was falsch ist, was ich will und was ich nicht will. Ich möchte selber meinen Weg ins Leben finden. Das heißt aber nicht, dass ich nicht manchmal auf die Hilfe, auf die Ratschläge meiner Eltern angewiesen bin. Aber ich möchte selbst entscheiden, ob ich ihren Ratschlag, ihren Hinweis unbedingt brauche.

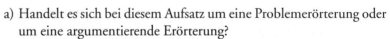

a) Handelt es sich bei diesem Aufsatz um eine Problemerörterung oder um eine argumentierende Erörterung?
b) Worüber hat der Schüler geschrieben? Versuchen Sie das Problem zu formulieren!
c) Der Aufsatz ist in Abschnitte untergliedert. Welche Gliederungspunkte (vgl. Rahmen, S. 44) werden ausgeführt? Schreiben Sie die Gliederung auf, die der Arbeit zugrunde liegt!
Welcher Gliederungspunkt fehlt?

---

[1] Orthographische Fehler wurden korrigiert.

d) Untersuchen Sie den Hauptteil des Aufsatzes! Wie müsste er gegliedert werden, wenn die getroffenen Aussagen
  – *„... dass es in jedem Haushalt einige Probleme zwischen Eltern und Kindern gibt"* sowie
  – *„dass auf beiden Seiten ein wenig Toleranz und Vertrauen fehlt"*
  ernst genommen werden?
e) Können Sie in der Arbeit des Schülers stilistische Mängel feststellen? Wenn ja, unterbreiten Sie Vorschläge zur Überarbeitung!

Entwerfen Sie eine Gliederung für eine argumentierende Erörterung zum Thema „Probleme zwischen Eltern und Kindern"! Orientieren Sie sich an dem folgenden Muster!

27
eine argumentierende Erörterung gliedern

1	Einleitung	Begründung des Themas
2	Hauptteil	Argumentation
2.1	...	Behauptung/Standpunkt
2.2	...	Begründung
2.2.1	...	Argument 1
2.2.2	...	Argument 2
...		...
2.3		Schlussfolgerung/Zusammenfassung
3	Schluss	Bewertung/Stellungnahme

Formulieren Sie auf der Grundlage Ihrer Gliederung (Aufg. 27) den Hauptteil einer argumentierenden Erörterung!

28
den Hauptteil einer argumentierenden Erörterung schreiben

Zu einem erörternden Text gehören neben dem Hauptteil auch Einleitung und Schluss.

Die **Einleitung** sollte einen Anreiz zum Lesen bieten und zum Thema hinführen, z. B. durch
– die kurze Darstellung einer persönlichen Erfahrung,
– das Aufwerfen einer Frage,
– das Wiedergeben des Standpunktes eines anderen.

Der **Schluss** sollte sich logisch aus den Darlegungen im Hauptteil ergeben. Er kann enthalten:
– eine persönliche Wertung/Stellungnahme,
– einen Appell,
– offene Probleme u. a.

a) Überlegen Sie, wie Sie Einleitung und Schluss Ihres erörternden Textes (Aufg. 28) gestalten können! Sprechen Sie darüber!
b) Ergänzen Sie Ihren Text, indem Sie eine Einleitung und einen Schluss formulieren!

29

Literarische Texte erschließen – Interpretieren

Texte und Textstellen interpretieren

1 Im Jahre 1820 schrieb Heinrich Heine die Ballade „Belsatzar" [1].
a) Lesen Sie den Text still! Schreiben Sie anschließend Ihren ersten Leseeindruck auf!

Belsatzar

Die Mitternacht zog näher schon;
In stummer Ruh lag Babylon.

Nur oben in des Königs Schloss,
Da flackert's, da lärmt des Königs Tross.

5 Dort oben in dem Königssaal
Belsatzar hielt sein Königsmahl.

Die Knechte saßen in schimmernden Reih'n,
Und leerten die Becher mit funkelndem Wein.

Es klirrten die Becher, es jauchzten die Knecht';
10 So klang es dem störrischen Könige recht.

Des Königs Wangen leuchten Glut;
Im Wein erwuchs ihm kecker Mut.

Und blindlings reißt der Mut ihn fort;
Und er lästert die Gottheit mit sündigem Wort.

15 Und er brüstet sich frech, und lästert wild;
Der Knechteschar ihm Beifall brüllt.

Der König rief mit stolzem Blick;
Der Diener eilt und kehrt zurück.

Er trug viel gülden Gerät auf dem Haupt;
20 Das war aus dem Tempel Jehovahs geraubt.

Und der König ergriff mit frevler Hand
Einen heiligen Becher, gefüllt bis zum Rand.

Und er leert ihn hastig bis auf den Grund,
Und rufet laut mit schäumendem Mund:

25 „Jehovah! dir künd ich auf ewig Hohn –
Ich bin der König von Babylon!"

Doch kaum das grause Wort verklang,
Dem König ward's heimlich im Busen bang.

---

[1] In den Quellen finden sich auch die Schreibungen *Belsazar* und *Belsazer*.

Das gellende Lachen verstummte zumal;
30 Es wurde leichenstill im Saal.

Und sieh! und sieh! an weißer Wand
Da kam's hervor wie Menschenhand;

Und schrieb, und schrieb an weißer Wand
Buchstaben von Feuer, und schrieb und schwand.

35 Der König stieren Blicks da saß,
Mit schlotternden Knien und totenblass.

Die Knechtenschar saß kalt durchgraut,
Und saß gar still, gab keinen Laut.

Die Magier kamen, doch keiner verstand
40 Zu deuten die Flammenschrift an der Wand.

Belsatzar ward aber in selbiger Nacht
Von seinen Knechten umgebracht.

Pietro Dandini:
Das Fest des Belsazar.
Gemälde

b) Tauschen Sie sich über Ihre Leseeindrücke aus!

a) Bereiten Sie gemeinsam einen Vortrag der Ballade (Aufg. 1) vor!
Überlegen Sie dabei, wie Sie die Stimme (Sprechtempo, Lautstärke,
Betonung, Pausen) einsetzen können! Welche Textstellen könnten
beim Vortrag besondere Schwierigkeiten bereiten?
b) Erläutern Sie der Klasse, wie die Ballade vorgetragen werden könnte,
und diskutieren Sie einige Gedichtvorträge!
c) Über welche Textstellen gab es und gibt es auch nach der Diskussion noch unterschiedliche Auffassungen?

2

Literarische Texte sind nicht immer leicht zu verstehen. Sie geben oft
Anlass zur Diskussion; denn sie können von einzelnen Leserinnen und
Lesern auf unterschiedliche Weise verstanden und **interpretiert** wer-
den. Der Ausdruck **Interpretation** kommt aus dem Lateinischen. Er
bedeutet **Textauslegung**.
Es gibt verschiedene Möglichkeiten, einen Text zu interpretieren. Der
Eindruck, den der Text auf Sie gemacht hat, kann Ihnen bereits erste
Hinweise geben, wie er auszulegen ist. Fühlen Sie sich durch den Text
persönlich angesprochen? Was hat Sie nachdenklich gemacht, was hat
Sie besonders beeindruckt?
Wichtige Anhaltspunkte zur Interpretation liefert der Text selbst:
Wovon handelt er? Wie ist er aufgebaut? Was fällt Ihnen an seiner Form
und an seinem Inhalt auf? Wie lässt sich die Sprache des Textes cha-
rakterisieren? Je genauer Sie den Text untersuchen, umso mehr Anhaltspunkte können Sie für die Interpretation entdecken.

3 Über das Verhalten des Königs Belsatzar und auch über das seiner Knechte gibt es wichtige Hinweise im Text (Aufg. 1). Der Balladenerzähler stellt einzelne Handlungen besonders heraus und charakterisiert beide Seiten.

a) Ergänzen Sie die folgende Liste mit Textbelegen zum Verhalten des Königs und seiner Knechte!

König		Knechte	
Vers	Textbeleg	Vers	Textbeleg
10	dem störrischen Könige	9	jauchzten
11	Wangen leuchten	16	Beifall brüllt

b) Teilen Sie die Balladenhandlung in einzelne Abschnitte ein und versuchen Sie den Handlungsverlauf in einer Spannungskurve darzustellen!

c) Sprechen Sie über den Ausgang der Handlung! Wie erklären Sie sich das Ende?
   – Prüfen Sie, ob der Dichter Hinweise zum Verhalten der Knechte gibt!
   – Welche Erklärungen für den Mord an Belsatzar haben Sie? Tragen Sie Ihre Auffassung vor! Diskutieren Sie das Für und Wider der geäußerten Meinungen!

d) Fassen Sie das Ergebnis Ihrer Diskussion schriftlich zusammen!

> Bei der Untersuchung von Textstellen kommt es darauf an, die Aufgabe möglichst genau zu beachten und vor allem die **eigene Auffassung am Text** zu **belegen**. Die Belege aus dem Text – Zitate – werden in Anführungszeichen gesetzt. Textbelege veranschaulichen die eigene Aussage, haben Beweiskraft und können jederzeit überprüft werden. Sie bereiten das persönliche Urteil über den Text vor.

4 Christian hat die Aufgabe „Charakterisieren Sie das Verhalten des Königs!" schriftlich zu lösen. Hier ist sein Entwurf:

Belsatzar ist ein grausamer, gemeiner König. Er glaubt sogar, er sei mächtiger als ein Gott. Im betrunkenen Zustand verliert er die Kontrolle über sich. Er brüstet sich frech und lästert wild, wobei ihn seine Anhänger noch anstacheln. Auf einmal greift er einen heiligen Becher, den er im Tempel Jehovahs geraubt hat, und lässt ihn bis zum Rand mit Wein füllen. Ich glaube, dass ihm da schon sein Frevel klar wurde. Er leert den Becher nämlich sehr hastig. Belsatzar ist meines Erachtens ein ängstlicher Mensch. Am Schluss sitzt er mit schlotternden Knien und totenblass da und ist ganz kleinlaut. Ich denke, die Knechte haben dies erkannt und ihn deshalb umgebracht. Denn sie haben gesehen, dass er eigentlich ein schwacher Mensch ist, der selber Angst hat.

a) Prüfen Sie Christians Entwurf anhand folgender Kriterien:
   – Wie hat er seine Hausarbeit aufgebaut?
   – Sind seine Ergebnisse vollständig?
   – Hat er seine Aussagen am Text belegt?
b) Nennen Sie Stellen, die Christian offenbar als Zitate aus dem Text entnommen hat, ohne diese zu kennzeichnen!
c) Überarbeiten Sie den Entwurf!

Leserinnen und Leser verstehen in der Regel einen Text zunächst aus sich selbst heraus; sie können aber auch **Hintergrundwissen** heranziehen, beispielsweise Kenntnisse über den Autor und seine Zeit, über die Umstände, unter denen er seinen Text geschrieben hat, und über die Wirkung des Textes in früherer Zeit.

Informationen zum **Stoff**, den der Verfasser gewählt hat (z. B. biblische Geschichte), zur **Entstehung** des Textes sowie zu **Person, Lebensgeschichte** und **Wirkung** von Schriftstellerinnen und Schriftstellern können dazu beitragen, das Verständnis des Textes zu erweitern.

Heinrich Heine hat den Stoff seiner Ballade „Belsatzar" einer Geschichte aus dem Alten Testament entlehnt, aus dem Buch Daniel.
Bei seiner Suche nach Informationen zum Stoff der Ballade findet Christian (Aufg. 4) den folgenden Kommentar, in dem der Inhalt der biblischen Geschichte so zusammengefasst ist:

5

[…] König Belsazer ließ während eines Gastmahls, als er und alle Gäste trunken waren, die silbernen und goldenen Gefäße bringen, die sein Vater Nebukadnezar aus dem Tempel in Jerusalem geraubt hatte. Und der König, seine Gewaltigen und Weiber tranken aus ihnen und lobten die goldenen, silbernen, ehernen, eisernen, hölzernen und steinernen Götter. Da bemerkte der König die Umrisse einer Menschenhand, die auf die getünchte Wand dem Leuchter gegenüber eine Schrift schrieb. Keiner seiner Weisen, denen er Purpurmantel, goldene Kette und die Stelle des dritten Mannes im Reich versprach, konnte ihn durch Deutung der Schrift von seinem Schrecken befreien. Daniel, der Mann mit dem Geist der heiligen Götter, wurde gerufen und er deutete und übersetzte die Schrift: Du kennst den Hochmut deines Vaters gegen Gott den Höchsten, dennoch hast du die Gefäße seines Tempels miss-

Heinrich Heine.
Gemälde von
Moritz Oppenheim

53

braucht und die goldenen, silbernen, ehernen, eisernen, hölzernen und steinernen Götter gelobt, die weder sehen noch hören noch fühlen; Gott aber, der deinen Odem und alle deine Wege in seiner Hand hat, hast du nicht geehrt. Darum ist von ihm diese Hand und die Schrift gesandt: „Mene, mene, tekel, upharsin." Und sie bedeutet dies: Mene, das ist, Gott hat dein Königreich gezählt und vollendet. Tekel, das ist, man hat dich in einer Waage gewogen und zu leicht gefunden. Peres, das ist, dein Königreich ist zerteilet und den Medern und Persern gegeben. Da befahl Belsazer, dass man Daniel mit Purpur kleiden sollte und goldene Ketten an den Hals geben, und ließ von ihm verkündigen, dass er der dritte Herr sei im Königreich. Aber des Nachts ward der Chaldäer König Belsazer getötet.

a) Was hat Heine dem biblischen Stoff entnommen, was hat er ausgelassen und was hat er verändert? Stellen Sie Ihre Ergebnisse in einer Übersicht zusammen!
b) Vergleichen Sie den Belsatzar des Alten Testaments mit dem der Ballade! Worin unterscheiden sich die beiden Figuren?
c) Diskutieren Sie, wie Heine mit der Geschichte aus dem Alten Testament umgegangen ist! Wie erklären Sie sich die Abweichungen?
d) Informieren Sie sich über das Leben und Werk des Dichters Heinrich Heine und referieren Sie in einem Kurzvortrag darüber!

6 a) Informieren Sie sich, z. B. in Ihrem Geschichtsbuch, über die Macht der Könige und Fürsten in Deutschland um 1820! Versuchen Sie gemeinsam die Behauptung zu überprüfen, Heines Ballade sei eine verschlüsselte Warnung an die deutschen Fürsten gewesen!
b) Wie aktuell finden Sie den Balladentext?
c) Tragen Sie abschließend Heines Ballade noch einmal vor!
Inwiefern hat die intensive Beschäftigung mit dem Gedicht Ihr Vortragskonzept verändert? Tauschen Sie sich darüber aus!

Eine literarische Figur charakterisieren

7
einen ersten Eindruck von einer literarischen Figur formulieren

a) Der Kriminalroman „Der Richter und sein Henker" von Friedrich Dürrenmatt beginnt mit der folgenden Episode.
Lesen Sie den Text und schreiben Sie danach Ihren ersten Eindruck von dem Polizisten Alphons Clenin auf!

Alphons Clenin, der Polizist von Twann, fand am Morgen des dritten November neunzehnhundertachtundvierzig dort, wo die Straße von Lamboing (eines der Tessenbergdörfer) aus dem Walde der Twannbachschlucht hervortritt, einen blauen Mercedes, der am Straßenrande stand. Es herrschte Nebel, wie oft in diesem Spätherbst, und eigentlich war Clenin am Wagen schon vorbeigegangen, als er doch wieder zurückkehrte. Es war ihm nämlich beim Vorbeischreiten gewesen, nachdem er flüchtig durch die trüben Scheiben des Wagens geblickt hatte, als sei der Fahrer auf das Steuer niedergesunken. Er glaubte, daß der Mann betrunken sei, denn als ordentlicher Mensch kam er auf das Nächstliegende. Er wollte daher dem Fremden nicht amtlich, sondern menschlich begegnen. Er trat mit der Absicht ans Automobil, den Schlafenden zu wecken, ihn nach Twann zu fahren und im Hotel Bären bei schwarzem Kaffee und einer Mehlsuppe nüchtern werden zu lassen;

Friedrich Dürrenmatt

denn es war zwar verboten, betrunken zu fahren, aber nicht verboten, betrunken in einem Wagen, der am Straßenrande stand, zu schlafen. Clenin öffnete die Wagentür und legte dem Fremden die Hand väterlich auf die Schultern. Er bemerkte jedoch im gleichen Augenblick, daß der Mann tot war. Die Schläfen waren durchschossen. Auch sah Clenin jetzt, daß die rechte Wagentüre offenstand. Im Wagen war nicht viel Blut, und der dunkelgraue Mantel, den die Leiche trug, schien nicht einmal beschmutzt. Aus der Manteltasche glänzte der Rand einer gelben Brieftasche. Clenin, der sie hervorzog, konnte ohne Mühe feststellen, daß es sich beim Toten um Ulrich Schmied handelte, Polizeileutnant der Stadt Bern.

Clenin wußte nicht recht, was er tun sollte. Als Dorfpolizist war ihm ein so blutiger Fall noch nie vorgekommen. Er lief am Straßenrande hin und her. Als die aufgehende Sonne durch den Nebel brach und den Toten beschien, war ihm das unangenehm. Er kehrte zum Wagen zurück, hob den grauen Filzhut auf, der zu Füßen der Leiche lag, und drückte ihr den Hut über den Kopf, so tief, daß er die Wunde an den Schläfen nicht mehr sehen konnte, dann war ihm wohler.

Der Polizist ging wieder zum andern Straßenrand, der gegen Twann lag, und wischte sich den Schweiß von der Stirne. Dann faßte er einen Entschluß. Er schob den Toten auf den zweiten Vordersitz, setzte ihn sorgfältig aufrecht, befestigte den leblosen Körper mit einem Lederriemen, den er im Wageninnern gefunden hatte, und rückte selbst ans Steuer.

Der Motor lief nicht mehr, doch brachte Clenin den Wagen ohne Mühe die steile Straße nach Twann hinunter vor den Bären. Dort ließ er tanken, ohne daß jemand in der vornehmen und unbeweglichen Gestalt einen Toten erkannt hätte. Das war Clenin, der Skandale haßte, nur recht, und so schwieg er.

b) Vergleichen Sie Ihre Leseeindrücke miteinander! Welche Charakterisierungen kehren häufig wieder? Wo weichen Ihre Beurteilungen voneinander ab?

8 Überprüfen Sie Ihre ersten Leseeindrücke (Aufg. 7 a) am Text! Dabei können Sie in folgenden Schritten vorgehen:
- Stellen Sie in einer Übersicht zusammen, was Clenin nach dem Entdecken des blauen Mercedes bis zum Auftanken des Wagens alles unternimmt!
- Was hat der Polizist Ihrer Meinung nach alles falsch gemacht?
- Wie kommentiert der Erzähler sein Verhalten, welche Charaktereigenschaften nennt er (Textbelege!)?
- Welche weiteren Merkmale zum Erscheinungsbild und Verhalten sowie zu den persönlichen Eigenschaften Clenins können Sie aufzeigen?

Um eine **literarische Figur charakterisieren** zu können, sollten Sie den Text auf folgende Merkmale hin untersuchen:
- äußeres Erscheinungsbild (z. B. Gestalt, Gesicht, Kleidung),
- Auftreten und Verhaltensweisen,
- Einstellungen (z. B. zu anderen Menschen, zu Gesellschaft, Politik, Moral, Umwelt),
- persönliche Eigenschaften und Wesensmerkmale,
- Selbstdarstellung und Wirkung auf andere,
- sprachliche Ausdrucksweise.

9 Stellen Sie sich vor, Sie hätten Clenin zufällig am Tatort gesehen und wären ihm unbemerkt bis zur Tankstelle gefolgt. Schreiben Sie einen Bericht oder eine Glosse (kurze, bildhafte, oft auch ironische Darstellung) unter dem Titel „Der Dorfpolizist"!

eine literarische Figur charakterisieren

10 Charakterisieren Sie eine Figur aus einem Buch, das Ihnen sehr gefallen hat! Achten Sie darauf, dass Ihre Mitschülerinnen und Mitschüler einen möglichst genauen Eindruck von der Figur erhalten!

11 In seinem 1930 erschienenen Roman „Der Schüler Gerber" schildert Friedrich Torberg einen Wiener Mathematiklehrer, Professor Kupfer, der den Unterricht in einer Abschlussklasse des Gymnasiums, deren Schüler „Oktavaner" genannt werden, übernommen hat.

Professor Kupfer war etwa vierzig Jahre alt und von einer für seine Mittelgröße etwas zu korpulenten Gestalt. Stellen seiner kurzen, strohblonden Haare zeugten vom erfolglosen Bemühen der Bürste, sie anliegend nach hinten zu frisieren. Die mäßig hohe Stirn wie das ganze etwas aufgedunsene Gesicht hatten trotz sichtbarer Gepflegtheit eine gewöhnliche rote Färbung, die auf der scharf vorspringenden schmalen Adlernase durch kleine rote Äderchen verstärkt wurde. Hinter ovalen, ränderlosen Brillengläsern blickten stahlblaue Augen starr nach etwas nicht

Vorhandenem. Heute trug er einen hellgrauen Sportanzug mit passender Krawatte. Über den Arm, der den großen grünen Katalog klemmte, hatte er einen Regenmantel gelegt; die freie Hand zupfte, wie zumeist, an dem sorgfältig gestutzten blonden Schnurrbart.

Professor Kupfer war beim Katheder angelangt. Er stieg die Stufe hinauf, noch immer in Rückenstellung, und legte den Regenmantel salopp über die Sessellehne. Dann wandte er sich schnell um, blickte einen Moment lang ausdruckslos auf die nun ganz stramm dastehende Schar und sagte mit leichtem Kopfnicken, sehr leise: „Setzen!" Zum erstenmal übte dieses Wort, seit Hunderten von Wochen an jedem Tag fünfmal gehört, auf die Schüler eine besondere Wirkung. Fast erlösend klang es aus dem Mund des Mannes, dessen Erschei-nen solch außergewöhnliche, fast starrkrampfartige Ruhe in die Okta-vaner gezwungen hatte. Er spricht also, spricht wie ein Mensch, der Gott Kupfer. Tut nicht mit kurzen Ge-sten seinen unwidersprechlichen Wil-len kund. Sagt auch nur: „Setzen" wie die andern, und nun steht er da und schweigt, wie jeder Mensch schweigt.

„Ich werde warten, bis vollkommene Ruhe eingetreten ist", sagt Professor Kupfer mit scharfer Stimme, ohne sich zu rühren, ohne jemanden an-zusehen. Und erst als die Klasse so reglos sitzt, wie sie vordem gestan-den ist, erst dann rührt *er* sich und scheint damit den ganzen Kontrast kundtun zu wollen zwischen den Schülern, die auf sein Geheiß still sein müssen, und ihm, dem hier kei-ner zu befehlen hat, der sich nun erst recht frei bewegt.

Friedrich Torberg:
Der Schüler Gerber
Roman
dtv

a) Charakterisieren Sie Professor Kupfer schriftlich anhand der im Rahmen, S. 56, angegebenen Merkmale zur Charakteristik einer li-terarischen Figur!

b) Diskutieren Sie, wie Kupfers Auftreten auf Sie als Schülerin bzw. Schüler wirkt! Wie würden Sie in Ihrer Klasse auf einen solchen Leh-rer reagieren?

c) Schildern Sie Kupfers ersten Auftritt vor der Klasse aus der Sicht ei-ner Schülerin bzw. eines Schülers, die/der einer Brieffreundin bzw. einem Brieffreund die Begegnung mit dem neuen Mathematikleh-rer mitteilt!

Einen Eindruck wiedergeben – Schildern

a) Lesen Sie den folgenden Ausschnitt aus Johannes Bobrowskis „Li-tauischen Clavieren", in dem er den Tag der Ankunft des Sommers schildert! Der Gesamteindruck, den er vermittelt, sagt, dass es sich um etwas ganz Besonderes, um einen nie da gewesenen, einmaligen Tag handelt.

Versuchen Sie herauszufinden, wie Bobrowski das gelingt! Mithilfe welcher Details vermag er, seinen Gesamteindruck zu bestätigen?

1
Gesamteindruck und Details schildern

Er ist da, der Sommer, dieser Tag, angekommen und da: es hat noch nie einen Tag gegeben wie ihn, angekommen und da: auf diesem Ufer, auf diesem Berg.

Da wird er schon bleiben. Alle diese Farben: der Roggen gelb, die Gerste fast weiß, der Hafer noch grün. Der Mohn ist hier lila und weiß, seltener rot. Die Kartoffeln blühen. Ehe er geht, zeigt der Tag die anderen Farben vor, die er noch übrig hat.

Der nördliche Ausläufer des Berges, der ganz im Wald bleibt, in ihm beginnt und endet, ehe der Wald sich in niedrige Gehölze auflöst, trägt auf seiner Höhe eine Lichtung, einen langen Streifen Acker und Weide.

Auf halber Höhe, ein wenig mehr nach der Berghöhe zu, steht ein Haus, in einem Apfelgarten. An einem Hausende ein Anbau, für die Kuh, die drei Schafe, die Hühner [...]

b) Erinnern Sie sich an einen Tag, von dem Sie sagen könnten: Einen solchen Tag hat es in meinem Leben noch nie gegeben! Mit welchen Details würden Sie diesen Gesamteindruck bestätigen? Bedenken Sie, dass es auch einzigartige schlimme Tage im Leben geben kann!

Schilderungen, z. B. einer Landschaft, können von einem **Gesamteindruck** ausgehen, der durch den folgenden Blick auf **Einzelheiten** bestätigt oder korrigiert wird. Aber auch das umgekehrte Verfahren ist möglich – ein Gesamteindruck bildet sich aus den Schilderungen verschiedener Details.

2   a) Lesen Sie Bertolt Brechts „Erinnerung an die Marie A." und danach den Ausschnitt aus Jurij Brězans „Geschichten vom Wasser"! Woran wird erkennbar, dass Brězan sich „in unserer Heide" gut ausgekannt hat? Weshalb vermutlich erinnert er sich an viele Details, nicht aber mehr an den Namen des Mädchens? Und warum wohl ist das bei Brecht ähnlich?

Erinnerung an die Marie A.

An jenem Tag im blauen Mond September
Still unter einem jungen Pflaumenbaum
Da hielt ich sie, die stille bleiche Liebe
In meinem Arm wie einen holden Traum.
Und über uns im schönen Sommerhimmel
War eine Wolke, die ich lange sah
Sie war sehr weiß und ungeheuer oben
Und als ich aufsah, war sie nimmer da.

Seit jenem Tag sind viele, viele Monde
Geschwommen still hinunter und vorbei.
Die Pflaumenbäume sind wohl abgehauen
Und fragst du mich, was mit der Liebe sei?
So sag ich dir: Ich kann mich nicht erinnern
Und doch, gewiß, ich weiß schon, was du meinst.
Doch ihr Gesicht, das weiß ich wirklich nimmer
Ich weiß nur mehr: ich küßte es dereinst.

Und auch den Kuß, ich hätt ihn längst vergessen
Wenn nicht die Wolke dagewesen wär
Die weiß ich noch und werd ich immer wissen
Sie war sehr weiß und kam von oben her.
Die Pflaumenbäume blühn vielleicht noch immer
Und jene Frau hat jetzt vielleicht das siebte Kind
Doch jene Wolke blühte nur Minuten
Und als ich aufsah, schwand sie schon im Wind.

*

Dort, in unserer Heide, habe ich mich früher einmal gut ausgekannt, es ist so
lange her, dass ich schon nicht mehr weiß, wem der Rock gehört hat, des-
sentwegen ich oft dahin gefahren bin. Aber ich erinnere mich noch, dass die
Eltern des Mädchens einen Brunnen hatten, einen gänzlich anderen, als wir
ihn hier kennen, und so tief, wie ich nie einen gegraben habe. Und das Wasser war eiskalt und klar wie der Vollmond.
Unweit von jenem Dorf lag mitten im Wald ein Teich, ein rundes schwarzes
Auge, bewimpert mit Ried und Schilf. Man sagt, der Teich liege noch dort,
schwarzes Auge der grünen Heide.

b) Versuchen Sie sich an ein Ereignis, ein besonderes Erlebnis, an einen starken Eindruck aus Ihrer Kindheit zu erinnern!
   Versuchen Sie sich auch Ihrer damaligen Gefühle und Gedanken zu
   erinnern!
   Halten Sie Ihre Eindrücke in einem kurzen Text schriftlich fest!

3

a) Ein Jäger schildert eine Abendstimmung. Sehen Sie sich den Text genauer an!

Wo wird ein Gesamteindruck wiedergegeben, wo werden Detaileindrücke geschildert?

Das war ein Abend wie keiner zuvor. Dichter Nebel lag um die kleine Jagdhütte. Von den Eichen, die um die Hütte herum standen, waren nicht einmal die Kronen zu sehen. Mich überkam ein unheimliches Gefühl. Die Haselsträucher, die die kleine Hütte in einer Entfernung von etwa 12 Metern umgaben, wirkten dunkel und beängstigend auf mich. Dabei hatte ich gar keinen Grund, ängstlich zu sein oder mich zu fürchten, hatte ich doch meine gute alte Drillingsflinte bei mir, mit der ich an diesem Abend noch zu Schuss kommen wollte. Aber alles sah so aus, als ob es heute nichts damit werden würde.

b) Der Dichter Johann Wolfgang von Goethe warnte einmal vor „abgegriffenen Wortmünzen" und meinte damit zu häufig verwendete Formulierungen, die dem Leser keine „aufmerksame Erregung" mehr verschaffen. Wie verstehen Sie diese Äußerung Goethes?

c) Im Text sind einige solcher „abgegriffenen Wortmünzen" verwendet worden. Suchen Sie diese heraus!

Wenn Sie einen besonderen Gegenstand, eine erregende Situation schildern wollen, so können Sie unterschiedlich vorgehen. Sie können

die Tatsachen benennen	die Wirkung, den Eindruck benennen	beides, Tatsachen und Wirkung, zusammenführen
Der Jungvogel, er war noch im Daunenkleid, also nur ein paar Tage alt, war völlig schwarz.	*So winzig, kaum aus dem Ei gekrochen. Wie er sich quälte! Wut war in mir und auch Mitleid. Und das so erschreckende Gefühl der Ohnmacht.*	*Da schleppte sich das Daunenjunge, das Vogelbaby, durch die Vermengung von Öl und Schlamm, kreischte mit aufgesperrtem Schnabel und – ach – bekam den Schnabel danach nicht mehr zu, weil an den Schnabelhälften des Winzlings der Schlamm klebte wie lähmender Leim.*

4
Gefühle wiedergeben

a) Schreiben Sie aus dem Rahmen solche Wörter und Wortgruppen heraus, die die Gefühle des Schreibers erkennen lassen!

b) Wenn Sie Ihren Eindruck von einem bestimmten Gegenstand oder einer besonderen Situation schildern, können Sie dabei stärkere oder schwächere Ausdrücke verwenden. Für *das Daunenjunge* fand eine Schülerin z. B. diese unterschiedlichen Bezeichnungen:

ein Häufchen Elend; ein gefiederter kleiner Schlammklumpen; ein armes Tier; ein hässliches, zuckendes Etwas; ein schwarzer Kobold; der Tod auf winzigen Vogelbeinen; ein sirupüberzogener Federball; ein schwarzes Ölgespenst; ein zum Tode Verurteilter; ein hilfloses Wesen, das man den Öl-Bossen auf die feinen Teppiche setzen sollte; eine lebende und schreiende Ungerechtigkeit; ein Vogel wie eine Kröte; ein sterbender Menschenbruder; ein verreckendes Vöglein, das uns den Vogel zeigt; ein Sumpfhuhn; das Ekeltier; das Zerrbild einer freien, schwebenden Möwe

Welche Ausdrücke halten Sie für stärker, welche für schwächer als *das Daunenjunge* und welche für missglückt? Begründen Sie Ihre Entscheidung!

c) Wählen Sie ein anderes im Rahmen verwendetes Wort und notieren Sie möglichst viele Umschreibungen dafür!
Tauschen Sie sich anschließend darüber aus!

5 Auch daran, wie Verhaltensweisen von Menschen geschildert werden, kann man häufig erkennen, welche Haltung die Schreiberin / der Schreiber dazu einnimmt.

a) Nennen Sie unterschiedliche Situationen, deren Schilderung Sie mit den folgenden Satzanfängen beginnen könnten!

Ein Kreis interessierter Betrachter …
Einige Dutzend wissensdurstiger Menschen …
Eine Gruppe neugieriger Zuschauer …
Eine Herde sensationslüsterner Glotzer …
Ein Rudel erbärmlicher Katastrophentouristen …

b) Woraus wird die Haltung des Schreibers gegenüber den Zuschauern / Betrachtern erkennbar? Welche Gefühle des Schreibers können Sie vermuten?

c) Sehen Sie sich die Satzanfänge genauer an! An welcher Stelle zeigt sich eine deutliche Veränderung? Wodurch wird diese sichtbar? Was verändert sich?
Tauschen Sie sich über Ihre Beobachtungen aus!

…immer in der ersten Reihe!

Reality TV

6   a) Schon stand im Nebelkleid die Eiche,
Ein aufgetürmter Riese, da,
Wo Finsternis aus dem Gesträuche
Mit hundert schwarzen Augen sah.

In Goethes „Willkommen und Abschied" treffen Sie auf eine ähnliche Situation wie in dem Textausschnitt der Aufgabe 3: *Nebel, Eiche, Sträucher, Dunkelheit.* Doch Goethe drückt seine Empfindungen nicht direkt aus, er umschreibt sie.

Vergleichen Sie den Gedichtausschnitt mit dem Text des Jägers hinsichtlich der verwendeten sprachlichen Mittel!

b) Begründen Sie mithilfe der in Aufgabe a) gewonnenen Erkenntnisse, warum die folgenden Formulierungen nicht aus Goethes Gedicht, wohl aber aus dem Text der Aufgabe 3 stammen könnten!

– der Nebel macht mich klatschnass
– ein Lüftlein begann sich zu regen
– mich überkam ein Schaudern

Um Eindrücke wiederzugeben, stehen Ihnen verschiedene **sprachlich-stilistische Mittel** zur Verfügung, z. B.:

Kontrast: *Hier die überfüllte Aussichtsplattform, ein paar hundert Meter weiter kein Mensch.*
Hyperbel (Übertreibung): *Ihr Schal war ein Niagarafall aus Wolle.*
Vergleich: *Wie ein Riesenlampion stand die Sonne am Himmel.*
Metapher: *Eine Flut von Eindrücken ...*
Personifizierung: *Die Geigen schluchzten.*
Lautnachahmung: *krächzen, grummeln, miauen*
Euphemismus (Beschönigung, Verhüllung): *Seine sterblichen Überreste wurden in der kleinen Kapelle beigesetzt.*
Pars pro toto (ein Teil steht für das Ganze): *Er ist ein kluger Kopf*.

7

**besondere sprachliche
Mittel verwenden**

a) Vergleichen Sie die jeweils gegenüberstehenden Formulierungen! Was ändert sich an der Wirkung durch die Veränderung der Formulierung? Sprechen Sie darüber!

ein unübersichtlich angelegter Garten	– ein Garten, für den man einen Kompass braucht
ein ungesichertes Museum	– ein gefundenes Fressen für Langfinger
ein erbärmlicher Klang	– eine Tortur für einen Musikkenner
ein grauer Himmel	– Der Himmel hatte sich in graues Tuch gehüllt.
Der Ausleger des Krans ragt über dem mittelalterlichen Stadtkern.	– Der Krake Kran reckt seinen Arm über den mittelalterlichen Stadtkern.

b) Welche sprachlich-stilistischen Mittel erkennen Sie in den Beispielen auf der rechten Seite?

Setzen Sie die Satzanfänge fort! Verwenden Sie dabei möglichst originelle und treffende Vergleiche!

8

(1) Ein Schiffshebewerk funktioniert ähnlich wie ... .
(2) Nach dem entscheidenden Tor glich das Stadion ... .
(Wenn Sie hier *einem Hexenkessel* schreiben, hätten Sie lediglich eine „abgegriffene Wortmünze" verwendet!)
(3) Der Smog über der Stadt ... .
(4) Ihre Haarfarbe war anders als ..., sie war wie ... .
(5) Das Haus war höher als ..., aber nicht so hoch wie ... .

Verwenden Sie Hyperbeln, um die Wirkung der folgenden Formulierungen zu verstärken!

9

(1) Es war sehr kalt.
(2) Es regnete ununterbrochen.
(3) Die Schuhe waren ihm viel zu groß.
(4) Es roch unangenehm.
(5) Er ließ sie lange warten.
(6) Der Nebel war sehr dicht.
(7) Das war ein heißer Sommer.
(8) Der Teppich war sehr weich.

Die folgenden Sätze stammen aus Schülerarbeiten. Versuchen Sie herauszufinden, was daran sprachlich nicht stimmt!

10

... glotzte mich das fast verdurstete Kälbchen aus dem Transportauto mit blöden Augen an ...

Katzen sind gewissermaßen Terroristen für die Mäusegesellschaft.

Unauffällig wie Notbremsen im Intercity näherte ich mich dem Treffpunkt.

Ich hörte, wie er schnappend die Mücke mampfte, dieser Laubfrosch.

Suchen Sie in Zeitungen und Zeitschriften nach ähnlich missglückten Formulierungen!
Schneiden Sie die Belege aus und vermerken Sie Datum und Seite der Ausgabe! Entwerfen Sie in Ihrer Klasse einen Brief an die Redaktion, dem Sie die Textbelege beilegen; schicken Sie beides ab!

11

a) Zwei Schilderungen in einer. Wieso? Welche Grundstimmung spiegelt der folgende Text?

12
die Grundstimmung einer Schilderung erfassen

Ich sehe grüne, kräftig blütendurchwirkte Wiesen. Noch. Schon sehe ich den Dornendraht, den sie durch die Aue ziehen werden. Und ich lese schon die Schilderschrift: Betreten verboten! Radioaktiver Entsorgungsbereich. Noch höre ich die himmelwärts steigenden Lerchen unbeschwert jubeln. Schon schmerzt mein Ohr das rüde Wachhundgebell, das zum alltäglichen Lärm

gehören wird, den die Deponie mit sich bringen muss. Dass sie Hunde und bewaffnete Beamte zur Sicherung des Endlagers einsetzen werden, ist gewiss. Unschuldig noch alles in und um den Ort herum. Nette alte Leute stellen abends ein paar Stühle vor die Tür und reden über das Wetter. Wo sie bald die Zäune hinstellen werden, äsen die Rehe. Im Wald wachsen Wildbeeren und Champignons auf den Wiesen. Ein Jahr weiter und keiner wird sie mehr essen können.

b) Dieser Text wird durch ein besonderes Stilmittel, den Kontrast, bestimmt. Geben Sie Beispiele dafür!

c) Woran erkennen Sie, dass der Autor kein Befürworter der Atommülldeponie sein kann, obwohl er das nicht sagt?

13 Auch in diesem Gedicht von Bertolt Brecht wird – ähnlich wie im Text der Aufgabe 12 – ein zweiter Eindruck angedeutet.
Versuchen Sie diesen zweiten Eindruck zu schildern!

Der Rauch

Das kleine Haus unter Bäumen am See.
Vom Dach steigt Rauch.
Fehlte er
Wie trostlos dann wären
Haus, Bäume und See.

14

a) Lassen Sie sich von dem Bild anregen! Schreiben Sie eine Geschichte, in der Sie die Ereignisse schildern, die zu dem auf dem Bild dargestellten Zustand geführt haben könnten! Erzählen Sie gewissermaßen *Vor-Gänge*, die *hinter* diesem Bild stehen!
Wählen Sie für Ihre Geschichte eine bestimmte Grundstimmung, z. B. *zornig, traurig, gleichgültig, …*!

die Grundstimmung einer Schilderung verändern

b) Verändern Sie Ihre Schilderung so, dass eine andere Grundstimmung von ihr ausgeht!

15 Erinnern Sie sich an ein zurückliegendes Erlebnis, das Sie sehr unangenehm berührt hat, über das Sie aber heute lachen können!
Schildern Sie es einmal aus damaliger und einmal aus heutiger Sicht!
Berücksichtigen Sie dabei, dass die Grundstimmung Ihrer Schilderung eine jeweils andere sein muss!

Dramatische Szenen schreiben – einen Text dialogisieren

Theaterinteressierte Schülerinnen und Schüler der Klasse 9 a haben sich zusammengefunden, um über ihren Beitrag zum Theaterfest der Schule zu beraten:

1

„Rauskommen muss, dass es lächerlich ist, jemanden von oben herab zu behandeln, bloß weil er keine Markenklamotten trägt."

„Wir haben ja nichts gegen Markenklamotten, wir haben was gegen Arroganz. Und die ist nicht bloß lächerlich, die kann sogar brutal sein."

„Dieses Textilzeug macht uns die ganze Klasse kaputt. Plötzlich halten sich einige für wer weiß was. Wir müssen sie als beschränkte Typen zeigen, sodass man über sie lacht."

„Vor allem müssen wir ihnen den Spiegel vorhalten, dass sie sehen, dass Kleidung noch gar nichts über den Wert eines Menschen sagt. Das ist eher eine ernste Sache, wir sehen doch, was plötzlich in der Klasse los ist: Frust, Streit, Freundschaften gehen auseinander."

a) Wie würden Sie eine Szene oder Szenenfolge zum Thema „Kleider und Leute" anlegen? Eher komisch oder eher ernsthaft? Begründen Sie Ihre Meinung!

b) Überlegen Sie, welche Probleme und Stoffe sich für eine komische, welche für eine ernsthafte Gestaltung eignen!

c) Suchen Sie in Ihrer Klasse/Schule/Stadt nach geeigneten Stoffen für dramatische Szenen! Lesen Sie auch Zeitungen und Zeitschriften unter diesem Aspekt!

Stoff sammeln

Ein Schüler der 9 a (Aufg. 1) hat diesen Szenenanfang entworfen:

2

„Ich bin das Super-Shirt. Ich koste dreimal mehr als ein Nicht-Super-Shirt. Ich bin von Adel, aber käuflich. An den Armen und an der Brust ist mir ein Kamel eingewebt. Das ist ein Kaufsignal: Kamele wissen gleich Bescheid."

„Ich bin ein Edelturnschuh. Wer mich kauft, läuft nicht schneller, aber Reklame. Der Schuh mit dem Tiger macht Sieger. Wer klein ist, baut auf meine dicke Sohle."

„Ich bin das Nicht-Super-Shirt. …"

„Ich bin der ganz normale Turnschuh. … "

a) Wie bewerten Sie den Einfall, nicht Personen, sondern Dinge auftreten zu lassen?

b) Wie könnte dieser Szenenanfang weitergeführt werden? Erarbeiten Sie eine mögliche Fortsetzung!
Stellen Sie sie zur Diskussion!

> **Dramatische Szenen** bestehen in der Regel aus einer kurzen Eröffnung, einem ausführlichen Mittelteil und einem abschließenden Höhepunkt. Sie behandeln einen Widerspruch, ein Problem, eine offene Frage. Im **Eröffnungsteil** wird der Widerspruch deutlich gemacht, im **Mittelteil** wird er entwickelt und mit dem **Höhepunkt** wird er gelöst.

3 *(Dicker Baumstamm, nach oben hellere Rinde. Naturschutzzeichen. Drei Männer mit Sägen und Äxten kommen auf die Bühne. Einer ist als Boss erkennbar.)*

Boss: Das ist er also, ein ganz schöner Brocken. Wir werden ihn so umlegen, dass er auf den Weg fällt. Schont den Jungwuchs und ist besser für den Abtransport. Wir werden dicke Keile brauchen. Hast du die Langkeile mit, Schorsch?

Schorsch: Hab ich, Boss. Lass uns ihn umlegen.

Boss: Auch bei dir alles klar, Wollo?

Wollo: Alles klar, machen wir ihn fertig.

(Auf die Bühne tritt ein alter Mann.)

Alter Mann *(leise, aber bestimmt)*: Sammeln Sie das Werkzeug ein und gehen Sie nach Hause, bitte.

a) *Einer ist als Boss erkennbar* heißt es in der Regieanweisung. Wie könnte man das erreichen?

Szenen schreiben und ausprobieren

b) Schreiben Sie die Szene weiter! Wählen Sie eine der folgenden Varianten aus:
- eine versöhnliche Lösung,
- eine schlimme Lösung,
- eine Lösung, die der Zuschauer für sich selbst finden muss!

c) Stellen Sie Ihre Ergebnisse vor, diskutieren Sie sie und probieren Sie sie aus!

d) Probieren Sie auch spontanes Spiel, z. B.:
Die drei Holzfäller kennen ihren Eröffnungstext, der alte Mann auch. Vorgegeben ist außerdem: Der Baum wird gefällt oder aber der Baum wird nicht gefällt. Alles andere soll sich aus unvorbereitetem Spiel entwickeln.
Zeichnen Sie einige der Szenen auf Videokassette auf!

e) Diskutieren Sie die aufgezeichneten Szenen und prüfen Sie, was Sie bei einer Bearbeitung verändern müssten! Beziehen Sie in die Bearbeitung die in Aufgabe b) geschriebenen Szenenfortsetzungen ein!

f) „Es wäre wirksamer, wenn wir statt des Alten eine Gruppe junger Leute, vielleicht Öko-Freaks, auftreten lassen würden", sagte Anne, „die können doch viel stärker agieren."
„Das wäre zu einfach. Gerade dass der alte Mann den Holzfällern allein gegenübersteht, das macht die Szene doch spannend", entgegnete Roland.

Was meinen Sie? Begründen Sie Ihre Meinung!

Äktschen!!

Dramatische Szenen sollten nicht zu lang sein.
Hüten Sie sich auch vor vordergründigen „Belehrungen" der Zuschauer!
Und: Unvorhergesehene Wendungen in der Handlung sowie im Verhalten der handelnden Figuren wirken überzeugender, als wenn alle Entwicklungen und Reaktionen im Voraus zu berechnen sind. Nur so können Sie wirkliche Höhepunkte schaffen und das Vergnügen der Zuschauer am Spiel steigern.

a) Verena schrieb für einen der Holzfäller die folgende Textpassage.
Welchem der drei Männer trauen Sie diesen Text zu?
Bedeutet die Textpassage eine unverhoffte Wendung des Gesprächs oder liegt sie im Vorhersehbaren?
Begründen Sie Ihre Meinung!

4

„Was überlebt ist, lieber alter Mann, muss weg. Die Frage ist, wann was überlebt ist. Diese Eiche hier hat dem Jungwuchs Platz genommen. Aber damit haben Sie Recht: Von ihren Eicheln fressen die Wildschweine und das Schwarzwild gräbt den Waldboden um und bereitet den Humus für Junggehölz vor. Will also sagen: Wenn Altes was taugt, noch was bewirkt, soll es auch geachtet werden. Ist ja wie mit Ihnen, mit Ihren 90 Jahren passen Sie noch auf Bäume auf!"

b) Den alten Mann ließ Verena sagen:

„Sie sind ja nicht nur erpicht darauf, alte Bäume auszurotten, Sie sind ja nicht nur ein Nützlichkeitsfanatiker, Sie sind ja ein Faschist!"

Gibt es Argumente für eine solche Fortsetzung des Dialogs oder hat Verena übertrieben? Sprechen Sie darüber!

Schreiben Sie eine kurze Szene zum Thema „Ertappter Lügner versucht sich zu rechtfertigen"!
Arbeiten Sie dabei in Gruppen zu zweit und entscheiden Sie sich für eine der folgenden Varianten:
– ruhiges Gespräch,
– erregtes Gespräch,
– heftiger Streit!
Versuchen Sie den Text eines der Dialogpartner so anzulegen, dass die Zuschauer überrascht werden!

5

Für Theater, Film und Hörspiel werden häufig Texte aus der **erzählenden Literatur dramatisiert**. Eines der wichtigsten künstlerischen Verfahren hierbei ist das **Dialogisieren** der erzählenden Texte. Dazu gehört, allgemeine Gesprächsschilderungen, erzählte Gedanken, Gefühle und Reaktionen von Figuren in Dialoge umzusetzen.

6 Auf der Suche nach einem dramatisierbaren Text stießen die Schülerinnen und Schüler einer 9. Klasse auf Stefan Heyms „Der kleine König, der ein Kind kriegen musste", ein Märchen für Kinder und Erwachsene.

Der Text beginnt so:

Das Land, in dem der kleine König regierte, war nicht sehr groß, aber ihm genügte es. Des Morgens stand er auf und frühstückte mit seiner Frau, die Adelheid hieß, und während er sein Süppchen aß und seinen Kaffee trank, sagte sie ihm, was für Gesetze er heute verkünden müsste und wen er zu bestrafen hätte, und der kleine König sagte, ja, ja, das wäre schon recht so, aber Frau Adelheid sagte, Worte allein genügten nicht, man müsse auch etwas tun, und so musste der kleine König denn weg von seinem Frühstückstisch und an die Arbeit.

In dem sich anschließenden Text des Märchens gibt es viele „fertige" Dialoge, er ist leicht zu dramatisieren. Aber diesen Anfang szenisch umzusetzen, das bereitete den Schülerinnen und Schülern Schwierigkeiten.

a) Lesen Sie den folgenden Entwurf!

(Tisch, teilweise beschädigte Stühle, Landkarte. König kommt im Nachthemd auf die Bühne, geht zur Karte, zückt eine Lupe, sucht sein Land auf der Karte, findet es.)

KÖNIG (...): Da ist es ja, m e i n Reich. Klein, aber *(zeigt auf die Stühle)* fein! Ich bin ein kleiner glücklicher König.

ADELHEID (...): F r ü h s t ü ü ü c k, mein Lieber!

KÖNIG (...): Oh, diese Adelheid!

ADELHEID (...): Hier, iss deine Diätsuppe und trink deinen Malzkaffee!

KÖNIG (...): Oh, diese Adelheid!

ADELHEID (...): Man muss jede Minute nutzen, mein kleiner König. Gehen wir mal den Tagesplan durch? Gesetzesverkündung von neun bis zwölf, Strafverkündung von fünf nach zwölf bis ...

Bei den Regieanweisungen sehen Sie Lücken. Hierbei konnte man sich nicht einigen. We r soll w i e sprechen? Versuchen Sie den beiden handelnden Personen Regieanweisungen wie *zufrieden, unterwürfig, grollend, stöhnend, sachlich-kalt, resignierend* oder ... zuzuordnen!

 b) Besorgen Sie sich das Buch und lesen Sie das Märchen zu Ende! Schreiben Sie auf seiner Grundlage eine oder mehrere dramatische Szenen! Bedenken Sie dabei, dass unvorhergesehene Wendungen der Handlung immer wirkungsvoll sind!

a) Der folgende Text ist eine komplexe Beschreibung. Das heißt, es handelt sich um eine Beschreibung, die aus mehreren Teilen besteht, die miteinander verknüpft sind. Versuchen Sie das zu begründen!

**1
eine Beschreibung
analysieren**

In der Phase der Berufswahl ist es erforderlich, sich mit einer Vielzahl von Berufsbildern staatlich anerkannter Ausbildungsberufe auseinander zu setzen.

Ein Ausbildungsberuf ist dann staatlich anerkannt, wenn für ihn eine Ausbildungsordnung vom zuständigen Bundesminister für Bildung, Wissenschaft, Forschung und Technologie erlassen wurde. Damit wird eine geordnete und einheitliche betriebliche Berufsausbildung im gesamten Bundesgebiet gewährleistet. Gesetzliche Grundlagen für die Berufsausbildung sind das Berufsbildungsgesetz und die Handwerkerordnung.

Anerkannte Ausbildungsberufe (Lehrberufe) kann man in einem Betrieb oder in einer Verwaltung, manche aber auch in einer Berufsfachschule oder in einer anderen berufsbildenden Einrichtung erlernen. Die praktischen und theoretischen Kenntnisse und Fertigkeiten werden sowohl im Betrieb / in der Verwaltung als auch in der Berufsschule vermittelt, deshalb wird vom „dualen System" der Berufsausbildung gesprochen.

Anerkannte Berufe werden bestimmten Bereichen zugeordnet, z. B. dem gewerblich-technischen, dem kaufmännisch-verwaltenden oder dem elektrotechnischen Bereich sowie der öffentlichen Verwaltung.

Der Beruf der/des Steuerfachangestellten wird dem kaufmännisch-verwaltenden Bereich zugeordnet.

Steuerfachangestellte sind qualifizierte Mitarbeiter in Praxen von Steuerberatern, Steuerbevollmächtigten, Wirtschaftsprüfern, vereidigten Buchprüfern, in Steuerberatungs-, Wirtschaftsprüfungs- und Buchprüfungsgesellschaften. Typische Aufgabengebiete sind die Buchführung, einschließlich Lohn- und Gehaltsabrechnungen für Unternehmen, die Anfertigung von Abschlüssen sowie das Anfertigen von Steuererklärungen für Privatpersonen und Unternehmen. Zu den Aufgaben zählen des Weiteren die anfallenden Büro- und Verwaltungsarbeiten, die fast ausschließlich mithilfe der Datenverarbeitung gelöst werden. Die Steuerfachangestellten bereiten Vorgänge entscheidungsreif vor oder bearbeiten sie unter Anleitung. Sie haben die Möglichkeit, sich auch ohne ein Hochschulstudium zu Steuerberatern weiterzubilden.

Während der Ausbildung werden die angehenden Steuerfachangestellten mit Informations- und Kommunikationstechniken, dem Rechnungswesen (Buchführung, Bilanzierung, Lohn- und Gehaltsabrechnung, Erstellen von Abschlüssen) vertraut gemacht. Zwei Facharbeiten müssen während der Zeit angefertigt werden, eine betriebswirtschaftliche und eine steuerliche Facharbeit. Die Ausbildung dauert drei Jahre, kann bei sehr guten Leistungen jedoch vorzeitig beendet werden.

b) Welche Sachverhalte werden im Einzelnen beschrieben? Notieren Sie treffende Überschriften für die Teilabschnitte!

c) Halten Sie in Stichpunkten fest, was im Text über den Inhalt der Ausbildung zur/zum Steuerfachangestellten gesagt wird!

d) Unter welcher Überschrift könnte der Gesamttext stehen? Schlagen Sie einen Titel vor, der die Komplexität des dargestellten Sachverhalts widerspiegelt!

2 a) In der folgenden Beschreibung hat eine Schülerin ihren zukünftigen Beruf dargestellt. Ihr Text weist Mängel in der Gliederung auf. Ordnen Sie die Beschreibung neu! Gliedern Sie sie nach den folgenden Gesichtspunkten:

1. Ausbildungsmodalitäten
2. Fähigkeiten und Kenntnisse (Anforderungen an eine Kauffrau)
3. Auszuübende Tätigkeiten
4. Einsatzmöglichkeiten bzw. Betätigungsfeld

Berufsbild: Einzelhandelskauffrau

Kauffrau im Einzelhandel kann ein sehr interessanter Beruf sein, weil er den Kontakt zu sehr vielen Menschen ermöglicht. Die Ausbildung zur Einzelhandelskauffrau dauert 3 Jahre, kann jedoch bei sehr guten Leistungen durch vorzeitig abgeschlossene Prüfungen bereits nach 2–2 1/2 Jahren beendet werden. Da Verkäuferinnen in den verschiedensten Bereichen arbeiten, z. B. Lebensmittel, Kosmetik, Rundfunk und Fernsehen, Textilien, ist es auch notwendig, sie verschieden auszubilden. Ihr Betätigungsfeld sind Fachgeschäfte, Selbstbedienungsgeschäfte, Supermärkte oder Warenhäuser. Zu ihren Aufgaben gehört nicht nur das Verkaufen, sondern auch das Auffüllen und Auszeichnen der Waren. Die Verkäuferinnen verkaufen die unterschiedlichsten Konsumgüter – angefangen von

Autos über Kleidung und Nahrungsmittel bis hin zu Unterhaltungselektronik und Wohnbedarf. Neben den Tätigkeiten im Verkaufsraum, zu denen auch die Sicherstellung des Warenangebots, die Marktbeobachtung und Einkaufsplanung, die Bearbeitung der Wareneingänge und die fachgerechte Lagerung der gelieferten Waren gehören, müssen sie Maßnahmen zur Verkaufsförderung durchführen, wie z. B. die ansprechende Platzierung und Präsentation der Waren mithilfe von Plakaten und anderen Werbemitteln. Um Kunden kompetent beraten zu können, brauchen sie gute Waren- und Marktkenntnisse.

Die Verkäuferinnen kennen die aktuellen Neuheiten und können über die Produktmerkmale, z. B. technische Details, oder über die Umweltverträglichkeit der Artikel Auskunft geben. Zunehmend wichtiger wird die Arbeit mit Computern und anderen informationstechnischen Geräten und Systemen. Verkäuferinnen müssen über die Fähigkeit verfügen, mit Kunden ein Verkaufsgespräch zu führen, sie kompetent zu beraten. Sie sollten zugänglich und freundlich sein. In der Ausbildungszeit sind wöchentlich drei Tage im Ausbildungsbetrieb und zwei Tage in der Berufsschule zu absolvieren.

b) In der Beschreibung werden Informationen wiederholt. Nennen Sie solche Stellen! Wo würden Sie Streichungen vornehmen?

c) Einige Sätze sind sehr umfangreich und dadurch schwer erfassbar. Lösen Sie diese Sätze auf!

d) Die Schülerin hat sich bemüht, Fachbegriffe in ihre Beschreibung einzubeziehen. Suchen Sie diese heraus! Prüfen Sie, ob dafür auch andere Bezeichnungen eingesetzt werden könnten!

e) Fertigen Sie nun selbst eine Beschreibung des Berufsbildes *Kauffrau/ Kaufmann im Einzelhandel* an!

> Um einen **komplexen Sachverhalt beschreiben** zu können, müssen Sie eine Reihe wichtiger Vorarbeiten leisten, z. B.:
> - Informationen sammeln und speichern,
> - aus dem gesammelten Material das auswählen, was Sie für die Lösung der Aufgabe brauchen,
> - das ausgewählte Material ordnen,
> - eine Gliederung entwerfen, die dem Gegenstand der Beschreibung und dem Verwendungszweck des Textes angemessen ist.

a) Sie stehen vor der Aufgabe, das Berufsbild der Arzthelferin / des Arzthelfers zu beschreiben. Dafür haben Sie die folgenden Stichpunkte zusammengetragen. Was könnten Sie noch ergänzen?

- Ausbildungsdauer 3 Jahre
- Patientenkartei führen
- Laboruntersuchungen durchführen
- Sprechstundenablauf organisieren
- mit Versicherungsträgern und Privatpatienten abrechnen

**3
ein Berufsbild
beschreiben**

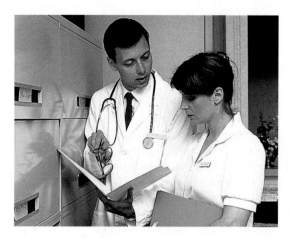

- Personalien aufnehmen
- Angestellte im Gesundheitsdienst
- Verbände anlegen, Spritzen vorbereiten, Blut abnehmen
- psychologisches Einfühlungsvermögen
- Termine absprechen
- der Ärztin / dem Arzt assistieren
- Instrumente pflegen und reinigen
- Einsatz in staatlichen oder priva-
  ten Arztpraxen
- im Team arbeiten
- kontaktfähig und freundlich

b) Entwerfen Sie nun eine Gliederung für Ihre Beschreibung und ordnen Sie ihr die Stichpunkte zu!

c) Fertigen Sie die Beschreibung an!

4 Wählen Sie selbst einen Beruf aus, den Sie schriftlich ausführlich beschreiben wollen! Informieren Sie sich beim Arbeitsamt oder nutzen
Sie die Broschüren, die von der Bundesanstalt für Arbeit herausgegeben werden! Stellen Sie Ihre Arbeit in der Klasse vor!

5 a) Lesen Sie die folgende Beschreibung der Situation in Deutschland
eine historische   1923! Erklären Sie danach, was man unter *Inflation* versteht!
Situation beschreiben

1923 – das Jahr der Milliardäre

Die Bevölkerung Deutschlands hatte mit dem Ende des Ersten Weltkriegs die Erwartung auf eine schnelle Besserung der wirtschaftlichen Lage verbunden. Nach den entbehrungsreichen Kriegsjahren sollte es jetzt wieder aufwärts gehen. Diese Hoffnung wurde bitter enttäuscht. Eine bis dahin nicht gekannte Teuerungswelle erfasste das Land. Die Menschen mussten erleben, wie ihr Geld von Woche zu Woche, dann von Tag zu Tag und zuletzt stündlich an Wert verlor.

Wurden 1914 für ein Kilo Brot noch 32 Pfennig verlangt, so kostete es im November 1923 428 Milliarden Mark. Der Wert des Dollars stieg im gleichen Zeitraum von 4,20 Mark auf 4,2 Billionen Mark.

Die Löhne hielten mit dieser rasanten Entwicklung nicht mit. Zwar verdiente ein gelernter Arbeiter, der 1913 einen Wochenlohn von 35,02 Mark erhalten hatte, im November 1923 über 16 Billionen Mark, die Kaufkraft seines Geldes sank aber auf etwa die Hälfte.

Die enorme Geldentwertung, Inflation genannt, setzte bereits während des Krieges ein und erreichte 1923 ihren absoluten Höhepunkt. Sie führte in Deutschland teilweise zu chaotischen Verhältnissen. Jedermann war bemüht, sein Geld möglichst schnell auszugeben. Die Aus-

zahlung der Löhne und Gehälter erfolgte jeden Vormittag. Dann wurde die Arbeit eingestellt und man hastete in die Läden. Denn wenn am Nachmittag der neue Dollarkurs bekannt wurde, war der Wert der Mark erneut gesunken. Es konnte durchaus vorkommen, dass für die Tasse Kaffee, die bei der Bestellung noch 5000 Mark gekostet hatte, bei der Bezahlung bereits 8000 Mark verlangt wurden. Immer häufiger gingen die Menschen zu einem einfachen Tauschhandel über. Ein Kinobesuch kostete z. B. zwei Briketts.

Je höher die Preise kletterten, desto größer wurde die Menge des benötigten Papiergeldes. Schließlich arbeiteten über 30 Papierfabriken und mehr als 130 Druckereien Tag und Nacht. Ständig wurde der Nennwert der Geldscheine erhöht. Im Herbst 1923 gab die Reichsbank eine Note über 100 000 Milliarden heraus. Der Schein war nur noch auf einer Seite bedruckt, um Zeit und Kosten zu sparen. Daneben ging man dazu über, alten Geldscheinen neue Werte aufzudrucken.

Der Geldtransport wurde zum Problem. Die Reichsbahn setzte Güterwaggons ein, um die Banken mit Geld zu versorgen, große Firmen ließen hier mit Lastwagen die Lohngelder abholen, die die Beschäftigten in Körben und Koffern nach Hause schleppten.

Dollarnotierung in Mark (1923)		
Juli	1914	4,2
Juli	1919	14,0
Juli	1920	39,5
Juli	1921	76,7
Juli	1922	493,2
Januar	1923	17 972,0
August	1923	4 620 455,0
September	1923	98 860 000,0
Oktober	1923	25 260 208 000,0
November	1923	4 200 000 000 000,0

b) Diese Beschreibung eines komplexen Sachverhalts ist in Teilabschnitte untergliedert. Ein Abschnitt befasst sich z. B. mit den Auswirkungen der Inflation. Notieren Sie diese in Stichpunkten!

c) Worum geht es in den anderen Abschnitten?

d) Untersuchen Sie, wie die einzelnen Teile der Beschreibung miteinander verbunden sind!
Könnten Sie sich einen anderen Aufbau der Beschreibung vorstellen? Welchen?

e) Versuchen Sie das Verhältnis des Dollars zur Mark von Juli 1914 bis November 1923 grafisch darzustellen!

f) Bemühen Sie sich, die wirtschaftliche Situation in Deutschland 1923 sehr knapp, aber trotzdem verständlich zu beschreiben, sodass Ihr Text in ein Lexikon aufgenommen werden könnte!

6

a) Fertigen Sie eine ausführliche Beschreibung der Verhältnisse in Deutschland im Jahr 1923 an!
Folgende Arbeitsschritte sind möglich:

– Einholen zusätzlicher Informationen,
– Auswählen des Faktenmaterials unter dem Gesichtspunkt der Aufgabenstellung,
– Erarbeiten einer Gliederung,
– Zuordnen des Materials anhand der Gliederung,
– Sichten und Zuordnen von Illustrationen, statistischem Material und Zitaten,
– gegebenenfalls Überarbeiten der Gliederung,
– Ausformulieren der einzelnen Teilabschnitte,
– Entwerfen der vollständigen Beschreibung,
– Überarbeiten des Entwurfs.

b) Beschreiben Sie Ihren Mitschülerinnen und Mitschülern, wie Sie bei der Lösung der Aufgabe a) vorgegangen sind!
In welchen Phasen der Arbeit traten Schwierigkeiten auf? Welche Hilfsmittel haben Sie genutzt?
Haben Sie Ihre Beschreibung illustriert? Welche Formen haben Sie dafür gewählt?

c) Hören Sie sich einige Beschreibungen an! Sprechen Sie über bereits Gelungenes und geben Sie sachliche Hinweise auf Verbesserungswürdiges!

d) Überarbeiten Sie Ihre Beschreibung! (Auch wenn Ihre Arbeit nicht in der Klasse zur Diskussion stand, konnten Sie sicher nützliche Hinweise aufnehmen.)

Augen auf – Erkundungsreise Betriebspraktikum!

Unter diesem Motto bereitet sich die 9 a auf ihr Praktikum und auf den geforderten Praktikumsbericht vor. Gemeinsam legen sie fest, worauf sie besonders achten wollen. Sie notieren z. B. folgende Fragen:

> • Welche Produkte werden in dem Betrieb hergestellt, welche Dienstleistungen o. Ä. angeboten?
>
> • Welche Tätigkeiten werden dort ausgeführt?
>
> • Welche Qualifikationen sind für die einzelnen Arbeiten erforderlich?

a) Welche weiteren Fragen könnten aus Ihrer Sicht für die Vorbereitung auf das Praktikum und besonders auf den Praktikumsbericht von Bedeutung sein? Notieren Sie diese Fragen!
b) Tauschen Sie sich über Ihre Fragen aus und vervollständigen Sie Ihre Liste gegebenenfalls!

Um jüngeren Mitschülerinnen und Mitschülern einen Eindruck davon zu vermitteln, was ein Betriebspraktikum beinhaltet und wie viele unterschiedliche Tätigkeiten man dabei kennen lernen kann, soll nach Abschluss des Praktikums eine Praktikumszeitung erscheinen.
Zur Vorbereitung auf ihren Beitrag dafür fertigt Cornelia auf ihrem Computer den folgenden Stichwortzettel an:

– *ca. 6 Wochen vorher bei „Garni Hotel Brandenburg" (Familienbetrieb, ca. 7–10 Angestellte, Hotelfachfrauen und Hausmeister, ca. 33 Zimmer)*
– *haben mich notiert, sollte eine Woche vor Antritt des Praktikums wiederkommen, um Arbeitszeit usw. zu klären*
– *war da, wir haben alles geklärt*
– *Montag – 1. Arbeitstag*
– *ab 7.00 Uhr Frühstück, musste also um 6.45 Uhr dort sein*
– *Vorbereitungen (Schrippen aufwärmen, Tische decken, kaltes Büfett, …)*
– *vor dem Frühstück: Anwesenheitsliste durchsehen – Neuankömmlinge, abreisende Gäste*
– *Tätigkeiten beim Frühstück: – guten Morgen wünschen*
  – nach Tee oder Kaffee fragen (und das jeweilige Getränk an den Tisch bringen)
  – abräumen und neu decken, wenn ein Gast fertig ist
  – kaltes Büfett in Ordnung halten (Orangensaft und Milch nachfüllen, Aufschnittplatten erneuern)

> – das ging, bis jeder Gast gefrühstückt hatte (bis spätestens 9.30 Uhr war noch je-
>   mand in der Küche – für die Nachzügler, aber meist waren alle bis 9.00 Uhr
>   fertig)
> – nach dem Frühstück war für uns Frühstückspause, wir durften uns über die Reste des
>   kalten Büfetts hermachen
> – dann hoch in die Zimmer – mit Generalschlüssel und Wagen (mit Bezügen, Laken, …)
> – Arbeitsteilung: – der 1.: jedes Zimmer aufschließen (auch die unbewohnten),
>   lüften und die Minibar und Snackkorb nachfüllen
>   – der 2.: Betten machen bzw. neu beziehen, dann Staub
>   wischen
>   – der 3.: totale Reinigung des Bades (Dusche und WC) – musste
>   die Hotelfachfrau machen, wegen der Hygiene
>   – der 4.: Fenster schließen, gucken, ob alles in Ordnung ist, Staub
>   saugen und Zimmertür abschließen
> – ca. 12.00 Uhr war eine halbe Stunde Mittagspause
> – so gegen 13.00 Uhr waren alle Zimmer erledigt
> – Arbeitsschluss

a) Welche Informationen enthält Cornelias Stichwortzettel im Einzelnen? Versuchen Sie diese unter übergeordneten Gesichtspunkten zu
   erfassen! Notieren Sie z. B.
   – Informationen über die Vorbereitung des Praktikums,
   – …

b) Werden die auf dem Stichwortzettel festgehaltenen Informationen
   dem Zweck des Berichts gerecht? Tauschen Sie Ihre Meinungen darüber aus!

c) Worauf sollte Cornelia Ihrer Ansicht nach bei der Fertigstellung ihres Berichts achten? Unterbreiten Sie Vorschläge (z. B. zum Inhalt,
   zur sprachlichen Gestaltung)!

d) Gibt es unter c) auch Hinweise, die Sie für die Ausarbeitung Ihres
   eigenen Praktikumsberichts verwenden können? Wenn ja, versuchen Sie diese so zusammenzustellen, dass sie Ihnen bei der Anfertigung Ihres Berichts wirklich nützen!

e) Stellen Sie Ihre Ergebnisse in der Klasse vor! Tauschen Sie sich darüber aus!

Berichte
analysieren

3 Robert hat sein Praktikum gemeinsam mit einer Mitschülerin im Botanischen Garten in Berlin absolviert.
Lesen Sie den folgenden Auszug aus seinem Bericht!
Stellen Sie fest, nach welchem Prinzip Robert seinen Bericht aufgebaut
hat! Beurteilen Sie den Aufbau des Berichts!

1. Tag
Heute begann unser Praktikum. Herr Höller, das ist einer der Gartenmeister,
stellte mich und Vera gleich am Morgen den Kolleginnen und Kollegen des

Botanischen Gartens vor. Im Anschluss führte er uns durch alle Gewächshäuser: 18 Stück mit einer Gesamtfläche von 2400 m². Dabei erhielten wir einen ersten Einblick in die verschiedenen Abteilungen, die es in diesem Gärtnereibetrieb gibt: die Kaltgewächshäuser, die Warmgewächshäuser und das Freiland. Auf diesem Rundgang war es auch möglich, dass wir uns bei Herrn Kriesten, einem anderen Gartenmeister, über Organisation, Arbeitsabläufe und Mitarbeiter (Anzahl, erforderliche Ausbildung u. Ä.) informierten. Außerdem sahen wir zu, welche Tätigkeiten unsere künftigen Kolleginnen und Kollegen verrichteten, und versuchten dort selbst unsere ersten gärtnerischen Handgriffe.

Botanischer Garten in Berlin

2. Tag

Heute arbeiteten wir sechs Stunden in einem Kaltgewächshaus. Zuerst bestimmten wir einzelne Pflanzenarten mithilfe von Merkmalen, die wir an verschiedenen Exemplaren ermittelten. Danach führten wir eine praktische, sehr zeitaufwendige Tätigkeit aus: das Wässern von Orchideen. Dabei wird folgendermaßen vorgegangen: Zuerst …

4

a) Nachdem Robert Cornelias Stichwortzettel (Aufg. 2) gelesen hat, kann er sich vorstellen, dass ihr Bericht anders aussehen wird als seiner. Worin könnte der wesentliche Unterschied zwischen beiden Berichten bestehen? Worauf gründen Sie Ihre Vermutung?

b) Robert ist unsicher, ob er seinen Bericht in der vorliegenden Form veröffentlichen oder ob er ihn in Anlehnung an die von Cornelia vorgesehene Anlage umgestalten soll.
Von welchen Überlegungen sollte er sich bei seiner Entscheidung leiten lassen? Welche Erwägungen halten Sie hierbei für wichtig?

c) Verständigen Sie sich über Vorzüge und Nachteile der jeweiligen Anlage eines Berichts! Wovon hängt die Wahl der Form ab?

d) Kennen Sie weitere Möglichkeiten, einen Praktikumsbericht zu schreiben?

a) Sie wissen, dass Berichte häufig beschreibende Passagen aufweisen. Wann halten Sie diese für notwendig?

b) Untersuchen Sie, ob Robert in seinem Bericht (Aufg. 3) auch beschreibt! Halten Sie seine Entscheidung für angemessen? Könnte man ihm in dieser Beziehung Änderungen vorschlagen? Wenn ja, welche?

5

beschreibende Passagen in Berichten untersuchen

6

a) Was erscheint Ihnen an Praktikumsberichten anders, vielleicht auch schwieriger als an den bisher von Ihnen verfassten Berichten?

b) Tragen Sie gemeinsam zusammen, welche Anforderungen das Vorbereiten, Verfassen und Überarbeiten von Praktikumsberichten an Sie stellen!

7

Berichte über das gleiche Geschehen miteinander vergleichen

a) Lesen Sie die beiden folgenden Ausschnitte aus Berichten! Worüber wird informiert?

(A)

In der ersten Sequenz wurden die Schüler mit dem Autor bekannt gemacht und sie erhielten erste Hintergrundinformationen zum Text „Andorra" von Max Frisch. Außerdem gab es hier für die Schülerinnen und Schüler die Möglichkeit, sich durch Fragen und Problemstellungen an der Planung der Stoffeinheit zu beteiligen. Beides sollte die häusliche Lektüre vorbereiten und die Auseinandersetzung mit dem Drama einleiten. Die zweite Sequenz befasste sich mit Inhalt, Personen, Handlungsverläufen, Charakteristiken usw.

Danach, in der dritten Sequenz, erfolgten produktive und ergebnissichernde Tätigkeiten.

Die vierte Sequenz, als Abschluss gedacht, beinhaltete den Besuch einer „Andorra"-Aufführung im Theater in Halle.

Die erste Sequenz umfasste die Einführungsstunde und die sich daran anschließende Hauslektüre des Dramas „Andorra". An dieser Stelle möchte ich betonen, dass der ersten Stunde bei der Behandlung eines solch umfangreichen Textes besondere Bedeutung zukommt, weil die Schüler hier für die Unterrichtseinheit aufgeschlossen werden müssen. Ich achtete also darauf, dass die unterrichtliche Tätigkeit der Schülerinnen und Schüler interessant und freudbetont war [...]

Max Frisch

(B)

1. Stunde:

Einführung in das Werk und die Biografie des Autors Max Frisch

Die Stunde wurde durch einen Vortrag der Prosaskizze „Der andorranische Jude" von Max Frisch eingeleitet.

Die anschließende Phase nutzten die Schüler, um Fragen an den Text zu stellen. Die Fragen wurden an die Tafel geschrieben. Sie wurden von den Schülern erläutert, blieben aber unbeantwortet, da sie für die Hauslektüre eine motivierende Neugier schaffen sollten.

Danach folgte eine Einführung in die Biografie des Autors durch einen Lehrervortrag.

Im Anschluss festigten die Schüler das Gehörte, indem sie in Partnerarbeit ein Interview gestalteten.

Den Stundenabschluss bildete der Auftrag zur Hauslektüre [...]

2./3. Stunde:
Die Struktur des Dramas
[...]

4. Stunde:
Die Ausgangssituation im 1. Bild
[...]

5./6. Stunde:
Die Andorraner und ihr Verhalten
[...]

b) Wozu, von wem und für wen könnten die beiden Berichte geschrieben worden sein? Begründen Sie Ihre Auffassung!

c) Welche Gliederungsmöglichkeit wurde für Text (A), welche für Text (B) genutzt?

d) Unter welchen Bedingungen könnte ein Bericht wie Text (A) geschrieben werden, unter welchen Bedingungen scheint Ihnen ein Bericht wie Text (B) günstiger zu sein? Halten Sie auch eine Mischform für gerechtfertigt? Erwägen Sie Vor- und Nachteile der jeweiligen Form!

Sowohl beim Verfassen von **Praktikumsberichten** als auch beim Anfertigen von Berichten, in denen über mehrstündige Unterrichtsabläufe und -inhalte informiert wird, müssen Sie entscheiden, wie Sie Ihren Text zweckmäßig **gliedern**, z. B.

– nach kleineren oder größeren zeitlichen Einheiten
  (Soll über jede Stunde einzeln oder über mehrere Stunden zusammengefasst berichtet werden?),

– nach anderen unterschiedlich benannten oder gekennzeichneten Einheiten
  (Wird auf die Stunde[n] als Gliederungsmöglichkeit zurückgegriffen oder wird an ihre Stelle eine Gliederung nach Vorbereitung, Durchführung und Auswertung des Geschehens gesetzt?),

– nach (ausgewählten) inhaltlichen Problemen und Fragen
  (Sollen im Bericht bestimmte inhaltliche Gesichtspunkte der Unterrichtseinheit besonders hervorgehoben und diesen die jeweiligen Probleme und Fragen zugeordnet werden?).

Kehren Sie noch einmal zur Aufgabe 7 zurück! Vermutlich haben Sie bei der Lösung von Aufgabe b) herausgefunden, dass die beiden Berichte von Deutschlehrerinnen/Deutschlehrern verfasst worden sind.

8

a) Was wäre an den Berichten wahrscheinlich anders, wenn Schülerinnen/Schüler sie geschrieben hätten?

b) Unterbreiten Sie entsprechende Veränderungsvorschläge!

9 Schreiben Sie einen Bericht über ein Geschehen, das sich über einen längeren Zeitabschnitt erstreckt hat (Praktikum, mehrstündiger Unterrichtsablauf)!

Formulieren Sie Ihren Bericht so rechtzeitig, dass Gelegenheit bleibt, ihn mit zeitlichem Abstand noch einmal gründlich zu lesen und gegebenenfalls zu überarbeiten!

einen Bericht vorbereiten, schreiben, überarbeiten

10 a) Bereitet Ihnen das Verfassen solcher Berichte wie in Aufgabe 9 besondere Schwierigkeiten?

Wenn ja, bemühen Sie sich, diese Schwierigkeiten und ihre Ursachen möglichst genau zu benennen!

Wenn nein, versuchen Sie zu ergründen, worauf Ihre Sicherheit beruht!

b) Wie lassen sich Schwierigkeiten Ihrer Meinung nach überwinden?

eigene Stärken und Schwächen erkennen

Protokollieren

1 a) Sie kennen unterschiedliche Situationen, in denen Protokoll geführt wird.

In welchen der folgenden Situationen sollte Ihrer Meinung nach ein Protokoll angefertigt werden, wo halten Sie das nicht für angebracht? Begründen Sie Ihre Auffassung an zwei ausgewählten Beispielen!

Anforderungen und Bedingungen erfassen

(1) Eine Berliner Jugendgruppe eröffnet die von ihr gestaltete Ausstellung „Geschichte lässt sich nicht wegsprühen" und führt Gespräche mit Ausstellungsbesuchern.

(2) Ein Leichtathletikverein aus Chemnitz ist in finanzielle Schwierigkeiten geraten. Auf einer Mitgliederversammlung soll darüber gesprochen werden, ob und wie es möglich ist, diese Schwierigkeiten zu überwinden.

(3) Im Rahmen der Wanderwoche des laufenden Schuljahres hat sich eine Gruppe Freiburger Schülerinnen und Schüler entschieden, auf die Insel Rügen zu fahren. Gemeinsam beraten sie die Planung ihrer Exkursion.

(4) Vivians Mutter hat bei der Schulleiterin Beschwerde eingelegt wegen der Zensur im Fach Deutsch, die Vivian am Ende des Schulhalbjahres erteilt worden ist. Daraufhin findet ein offizielles Gespräch statt, an dem Vivian, Vivians Mutter, der Deutschlehrer und die Schulleiterin teilnehmen.

(5) Das Thema einer Unterrichtsstunde, die im Freien durchgeführt wird, heißt „Das Wetter". Dabei werden in regelmäßigen Abständen die Luftfeuchtigkeit und die Temperatur gemessen.

b) Welche Art von Protokoll sollte in den von Ihnen ausgewählten Situationen jeweils angefertigt werden?

Welche Angaben sollten die betreffenden Protokolle enthalten? Begründen Sie!

Protokolle sind Niederschriften über Unterrichtsstunden, Experimente, Beratungen usw., die deren Verlauf und/oder Ergebnisse sinngemäß und korrekt wiedergeben (**Verlaufs- bzw. Ergebnisprotokoll**). Sie können ausformuliert oder in Stichpunkten abgefasst sein.

Werden Protokolle für offizielle Zwecke angefertigt, gelten sie als Dokumente und müssen deshalb vom Protokollanten und vom Leiter der Zusammenkunft unterschrieben werden.

Der Anfang eines Protokolls ist an verhältnismäßig feste Formen gebunden: Hier werden Zeitpunkt (Datum, Beginn und Ende), Ort, Teilnehmer und Gegenstand der Veranstaltung angegeben.

Wer im Protokollieren noch ungeübt ist, sollte zunächst ins Unreine schreiben, sich Notizen machen und diese später bearbeiten. Erst die Reinschrift wird unterschrieben.

a) Lesen Sie die beiden folgenden Protokolle (A) und (B) und vergleichen Sie sie nach folgenden Gesichtspunkten:
  – Für wen sind sie geschrieben?
  – Welche Aufgabe(n) haben sie zu erfüllen?
  – Worüber werden die Lesenden informiert?

**2
Protokolle
miteinander
vergleichen**

(A)

Protokoll über die 2. Beratung der Projektgruppe „Schloss Z."

Datum:	3.3.19.., 14.00–15.30 Uhr
Ort:	Realschule in K.
Teilnehmer:	Vertreter der Klassen 7 bis 10; Frau B. (Deutschlehrerin)
Tagesordnung:	Planung der Projektarbeit „Schloss Z."
	– Ziel der Projektarbeit – Termine
	– Vorgehensweise – Verantwortliche

Ergebnisse:
Nach längerer Diskussion wurde Folgendes festgelegt:
1. eine Broschüre über das Schloss – seine Vergangenheit, Gegenwart, Zukunft – erarbeiten
2. einen Vorschlag zur Gliederung der Broschüre unterbreiten
3. Material sammeln (Formen/Möglichkeiten der Materialsammlung: Literatur, Bilder, Zeitungsartikel, Interviews, Meinungsumfrage unter Jugendlichen und älteren Einwohnern von Z.)
4. Termin für die nächste Beratung der Projektgruppe:
   3.4.19.., 14.00–16.00 Uhr
   Vorgesehene Tagesordnung: Beratung über Ausführung der Aufgaben

5. 3. 19..

Roy Bender

(B)

Protokoll über die 2. Beratung der Projektgruppe
„Analphabetismus heute"

Datum:	1. 10. 19.. (15.00–17.00 Uhr)
Ort:	1. Realschule, Bücherzimmer
Leitung:	Hannah Bergner
Anwesenheit:	s. Anwesenheitsliste
Verteiler:	Teilnehmer/innen der Beratung
Protokollantin:	Aline Montrasi

Tagesordnung:
1. Einführung in die Aufgabe
2. Vorstellung der Fragebögen (Entwurf)
3. Diskussion der Entwürfe/Veränderungen
4. Festlegungen

Zu 1.
Hannah nannte die Tagesordnung und das Ziel der Beratung (s. Protokoll vom 1. 9. 19..). Sie hob hervor, dass es wichtig sei, sich heute über Inhalt, Aufbau und Umfang der Fragebögen zu einigen. Sonst käme es zu Verspätungen bei der Durchführung der anonymen Befragung. Das wäre schlecht für den weiteren Ablauf des Projekts.

Zu 2.
Luigi, Ulf und Valesca stellten die von ihnen ausgearbeiteten Fragebögen (Entwürfe) vor, und zwar je einen
– zum Lesen Jugendlicher in der Freizeit,
– zum Schreiben Jugendlicher
  • in der Freizeit,
  • im Unterricht,
  • in der Freizeit und im Unterricht.
Sie begründeten die Auswahl und Anordnung ihrer Fragen und verwiesen auf verwendete Fachliteratur. Beim Lesen der Fachliteratur seien ihnen einige Probleme dieser Befragung stärker bewusst geworden: „Wir müssen die Befragung wirklich sehr gründlich vorbereiten."

Zu 3.
Hier wurden folgende Fragen gestellt und diskutiert:
– Sind die einzelnen Fragebögen zu umfangreich?
– Sind alle Fragen geeignet?
– In welcher Reihenfolge sollten sie gestellt werden?
– Ist es günstig, weniger Fragebögen einzusetzen?
– Sind alle wichtigen Hinweise aus der Fachliteratur berücksichtigt worden?
– Überschneiden sich Fragen?
– Sind die Fragen so gestellt, dass es keine Missverständnisse geben kann?

– Wie können die Fragen ausgewertet werden? Wo können dabei vielleicht Schwierigkeiten auftreten?

Einige Nörgler kritisierten, dass sie die Fragebögen nicht bereits vor der Beratung erhalten hätten.

Gemeinsam wurden Fragen geändert, gestrichen, neue Fragen wurden aufgenommen (s. Anhang). Dabei schlug Raili, mit der wieder ihre feministische Einstellung durchging, vor, ein paar gesonderte Fragen für Mädchen und Jungen zu stellen.

Zu 4.
Festlegungen
– Die veränderte Fassung wird sauber abgeschrieben, vervielfältigt und den Schülerinnen und Schülern der 7. bis 10. Klassen übergeben.
   T.: 7. 10. 19..
– Termin für die nächste Sitzung: 11. 11. 19..
   Tagesordnung: Auswertung der anonymen Befragung

2. 10. 19..

Aline Montrasi

b) Können Sie weitere Gemeinsamkeiten und Unterschiede zwischen den beiden Protokollen ermitteln? Sprechen Sie darüber!
c) Sollten Aline und Roy die Protokolle in der vorliegenden Form weiterreichen oder sollten sie sie erst überarbeiten? Begründen Sie Ihre Auffassung! Unterbreiten Sie gegebenenfalls Überarbeitungsvorschläge!

ein Protokoll beurteilen/ überarbeiten

a) Fertigen Sie ein Verlaufsprotokoll von einer Zusammenkunft an! Es soll festhalten, wie bestimmte Beschlüsse zustande gekommen sind und welche Meinungen die Teilnehmerinnen und Teilnehmer im Einzelnen zum behandelten Thema geäußert haben.
b) In bestimmten Fällen genügt ein Ergebnisprotokoll.
Schreiben Sie anstelle Ihres Verlaufsprotokolls aus Aufgabe a) ein Ergebnisprotokoll oder wählen Sie eine andere Veranstaltung, von der Sie meinen, es sei zweckmäßig, ein Ergebnisprotokoll anzufertigen!
c) Wenn nötig, überarbeiten Sie Ihr Protokoll nach einer gewissen Zeit noch einmal!

**3
ein Protokoll anfertigen**

Prüfen Sie gemeinsam, was Ihnen beim Protokollieren gelungen ist und was noch Schwierigkeiten bereitet! Welche Gründe sehen Sie dafür?
Wie lassen sich die Schwierigkeiten Ihrer Meinung nach überwinden?

**4
Lernergebnisse einschätzen**

Gebrauchstexte schreiben

Bewerbungsschreiben

1 Das folgende Beispiel entspricht den Anforderungen, die an ein Bewerbungsschreiben gestellt werden. Was enthält es im Einzelnen?

Punkte zeigen Leerzeilen an

Britta Kurzweg   26. 2. 19 . .
Hüttenstraße 56
39406 Heimleben

Anwaltskanzlei
Brückner und Partner
Berenstraße 16 a

Achtung Leerzeile

73650 Wiesenfeld

Ihr Ausbildungsangebot in der „Volksstimme" vom 20. 2.

Sehr geehrte Damen und Herren,

ich interessiere mich für Ihren Ausbildungsplatz zur Rechtsanwalts- und Notargehilfin und möchte mich für diese Ausbildungsstelle bewerben.

Leerzeilen, weil jeweils neuer Informationsbereich beginnt

Mein Wunsch, in einer Rechtsanwaltskanzlei tätig zu werden, besteht schon längere Zeit. Ich beschäftige mich gern mit Rechtsfällen und Mathematik und verfüge über Computergrundkenntnisse. Mein Betriebspraktikum habe ich erfolgreich bei einem Notar absolviert. Die Tätigkeit war interessant und bereitete mir Freude.

Zurzeit besuche ich die Ernst-Hermer-Schule in Everingen und werde sie voraussichtlich im Juli dieses Jahres verlassen.

Bitte geben Sie mir Gelegenheit, mich bei Ihnen persönlich vorzustellen.

Mit freundlichen Grüßen

Britta Kurzweg

Anlagen

Lebenslauf
Zeugniskopie
Passfoto

84

Mit Ihrer **Bewerbung** geben Sie ein erstes Bild von sich. Sie sollte Sie deshalb vorteilhaft darstellen und die Angeschriebenen dazu bewegen, Sie aus einer Vielzahl von Bewerbern auszuwählen.

Zu den **Bewerbungsunterlagen** gehören:
- das Bewerbungsschreiben,
- der Lebenslauf (tabellarisch oder – wenn ausdrücklich gewünscht – ausführlich),
- eine Zeugniskopie,
- ein Passfoto (Rückseite mit Ihrem Namen versehen).

Die vollständigen Unterlagen werden in einer Mappe versendet.

Das **Bewerbungsschreiben** soll
- die formale Bewerbung enthalten,
- Ihren Wunsch, die betreffende Arbeitsstelle zu bekommen, zum Ausdruck bringen sowie
- Ihre Eignung und Ihr Interesse für die auszuübende Tätigkeit, evtl. Ihre Erfahrungen auf dem Gebiet, deutlich machen.

Das Bewerbungsschreiben sollte nicht mehr als eine Seite umfassen. Folgende Normen der äußeren Form sind unbedingt einzuhalten:
- weißes, unliniertes Papier im Format DIN A 4,
- linker Seitenrand mindestens 15 mm breit (bei Lochung wird so der Text nicht zerstört),
- rechter Seitenrand mindestens 30 mm breit (für Notizen des Empfängers),
- die eigene Adresse erscheint links oben (mit 1-zeiligem Abstand geschrieben),
- das Datum steht rechts oben.

2

a) In der Bewerbung in Aufgabe 1 wird Bezug genommen auf eine Anzeige, die in einer Tageszeitung erschienen ist.
   Welche anderen Möglichkeiten gibt es, sich über Stellen- bzw. Ausbildungsangebote zu informieren?

b) Formulieren Sie jeweils die Anrede und den ersten Satz verschiedener Bewerbungsschreiben! Berücksichtigen Sie dabei die folgenden Situationen:

- Sie haben die Adresse vom Arbeitsamt erhalten.
- Ein Freund Ihrer Familie hat Ihnen einen Hinweis auf diesen Ausbildungsplatz gegeben.
- Sie haben sich telefonisch bei einer Firma nach einem Ausbildungsplatz erkundigt und möchten sich nun schriftlich bewerben.
- Sie haben die Firmenadresse aus dem Telefonbuch entnommen und bewerben sich ohne Bezug.
- Sie haben Ihr Beriebspraktikum in der betreffenden Firma absolviert.
- Sie haben sich während einer Messe an einem der Stände erkundigt und diese Adresse erhalten.

Anrede, Einleitung, Schluss von Bewerbungsschreiben formulieren

3 Die folgenden Einleitungen von Bewerbungsschreiben sind ungeschickt formuliert.
Welche Mängel fallen Ihnen auf?
Versuchen Sie die Sätze neu zu formulieren!

(1) Wie Sie sich erinnern können, habe ich mich telefonisch bei Ihnen erkundigt, ob Sie in diesem Jahr wieder Verwaltungsangestellte ausbilden, deshalb möchte ich mich bei Ihnen für diesen Ausbildungsplatz bewerben.

(2) Ihre Anzeige in der „Neuen Welt" vom vorigen Donnerstag habe ich mit großem Interesse gelesen. Sie bieten einen Ausbildungsplatz für einen Kraftfahrzeugmechaniker, ich möchte mich dafür bewerben, weil ich mich für Autos interessiere.

(3) Bezug nehmend auf Ihre Anzeige in der „Bregenstedter Rundschau" erlaube ich mir hiermit, mich für den Ausbildungsplatz als Finanzkauffrau zu bewerben.

(4) Hiermit sende ich Ihnen meine Bewerbungsunterlagen zu, so wie es telefonisch vereinbart war, um mich für die angebotene Ausbildungsstelle zu bewerben.

4 In Aufgabe 1 wird das Bewerbungsschreiben so beendet:

Bitte geben Sie mir Gelegenheit, mich bei Ihnen persönlich vorzustellen.

Schreiben Sie weitere Wendungen auf, mit denen ein Bewerbungsschreiben beendet werden könnte!

a) Lesen Sie die folgende Anzeige und notieren Sie die Anforderungen, die dieser Ausbildungsplatz stellt!

Qualifizierte Ausbildung als **Medientechniker/in**

In unserer staatlich anerkannten Berufsschule können wir zum 1. 10. noch Auszubildende aufnehmen.

Die Ausbildung dauert 3 Jahre und endet mit der staatlichen Prüfung.

Die Unterbringung und Verpflegung erfolgt auf Wunsch im eigenen Personalwohnheim. Wir bieten Ihnen umfangreiche Sozialleistungen.

Voraussetzung für die Ausbildung ist:
– Vollendung des 16. Lebensjahres,
– Fachoberschulreife oder ein gleichwertiger Schulabschluss.

Bitte senden Sie Ihre Unterlagen an:

Berufsschule für Medientechnik
z. H. Herrn Gondolf
Heidenweg 16 a
46785 Beelenstein

---

b) Auf welche Angaben müssten Sie in einem Bewerbungsschreiben Bezug nehmen?

c) Formulieren Sie ein Bewerbungsschreiben, in dem Sie sich auf diese Anzeige („Neue Zeit" vom 6. 7.) beziehen!

den Text eines Bewerbungsschreibens verfassen

d) Suchen Sie aus dem Anzeigenteil Ihrer örtlichen Tagespresse ein Stellenangebot heraus, das Ihren beruflichen Interessen entspricht! Verfassen Sie ein Bewerbungsschreiben!

Wenn es Ihnen nicht gelingt, auf anderem Weg Stellen- bzw. Ausbildungsangebote zu bekommen, können Sie es auch über eine **Anzeige** in der Zeitung versuchen. Dabei kommt es darauf an, die Angaben zu Ihrer Schulausbildung und Ihren Berufswunsch möglichst knapp zu formulieren. Benutzen Sie jedoch nur die allgemein üblichen Abkürzungen, damit die Anzeige leicht zu verstehen ist!

---

a) Überprüfen Sie, ob die folgenden Anzeigen ein genaues Bild von den Inserierenden geben!

Realschülerin su. Ausbildungspl.
z. Büro-, Speditions-, Einzelhandelskauffrau zum 1. 8.
Kenntn. in Masch. u. PC vorh.
Zuschr. an ZTA-290546

Suche Ausbildungsplatz zum
Medientechniker,
beende Gymnasium mit
Realschulabschluss.
Zuschrift an WSM-1232

Ausbildungsplatz gesucht!
Gymnasiastin su. z. 1. 8.
Ausbild.platz zur Floristin.
Zuschr. an A-12 DTG

**Möchte Azubi z.
Zahnarzthelferin** werden,
habe Praktikumserfahrung.
Zuschr. an AW-178-D

---

b) Suchen Sie in Zeitungen nach Anzeigen von Schülerinnen und Schülern, die einen Ausbildungsplatz suchen!
Kontrollieren Sie die Anzeigen auf Vollständigkeit und Verständlichkeit!

7
eine Stellenanzeige formulieren

a) Würden Sie selbst eine Anzeige in der Zeitung aufgeben, um einen Ausbildungsplatz zu finden? Wenn ja, welche Zeitungen würden Sie wählen? Begründen Sie Ihre Entscheidung!
b) Formulieren Sie eine Anzeige!
Tauschen Sie sich über Ihre Entwürfe mit Ihrer Lernpartnerin / Ihrem Lernpartner aus!

Lebenslauf

Zu den Bewerbungsunterlagen gehört ein **Lebenslauf**.
Er gibt Auskunft über persönliche Daten, über den schulischen Werdegang und vermittelt dem Adressaten so einen ersten Eindruck von der Entwicklung der sich vorstellenden Person.
Der Lebenslauf kann in **ausführlicher** oder in **tabellarischer Form** geschrieben werden. Wird nicht ausdrücklich ein ausführlicher Lebenslauf verlangt, genügt der tabellarische. Nur sehr selten wird der Lebenslauf in handschriftlicher Form gewünscht.
Folgende Angaben gehören in den Lebenslauf:

– Vor- und Familienname,
– Adresse,
– Geburtsdatum und -ort,
– Name und Beruf des Vaters,
  Name und Beruf der Mutter,
– Zahl der Geschwister,
– besuchte Schulen,
– Schulabschlüsse (auch voraussichtliche),
– besondere Fähigkeiten und Kenntnisse,
– evtl. Hobbys,

– Ort und Datum,
– Unterschrift.

Der ausführliche Lebenslauf ist gekennzeichnet durch einen überschaubaren, klaren Satzbau. Er sollte knapp, einfach und anschaulich formuliert sein. Beim tabellarischen Lebenslauf genügt die Angabe von Daten.

Lesen Sie den folgenden ausführlichen Lebenslauf und stellen Sie fest, ob er alle Angaben, die im Rahmen zusammengestellt sind, enthält und auch sonst den dort geforderten Normen entspricht!

Thomas Riemer
Faule Straße 13
13260 Ernberg

Lebenslauf

Ich heiße Thomas Riemer und wurde am 21. Januar 1980 in Ernberg geboren. Mein Vater, Ernst Riemer, arbeitet als Mechaniker und meine Mutter, Elisabeth Riemer, ist Sekretärin. Ich habe noch eine jüngere Schwester, die die 8. Klasse der Realschule besucht.
Im September 1986 wurde ich in die Grundschule in Ernberg eingeschult, die ich vier Jahre lang besuchte.
1990 wechselte ich in die Gottfried-Herder-Schule in Schmalenburg und werde sie voraussichtlich in diesem Jahr mit einem guten Realschulabschluss verlassen.
Neben Mathematik interessiere ich mich für Informatik und schreibe auch selbst Computerprogramme. Seit vier Jahren bin ich Mitglied des Naturschutzvereins Schmalenburg.

Ernberg, den 20. Februar 1996

Thomas Riemer

---

a) Stellen Sie Ihre persönlichen Daten zusammen!
b) Entwerfen Sie Ihren ausführlichen Lebenslauf!
c) Lassen Sie Ihren Entwurf von einer dafür geeigneten Person durchsehen und gegebenenfalls korrigieren!
d) Schreiben Sie Ihren Lebenslauf auf der Schreibmaschine / dem Computer! Benutzen Sie ein weißes A4-Blatt!
   Falls Sie sich verschreiben, wiederholen Sie die Aufgabe oder korrigieren Sie so lange, bis Ihr Lebenslauf der geforderten Norm entspricht!
   Vergessen Sie nicht, mit der Hand zu unterschreiben!

9
einen ausführlichen Lebenslauf schreiben

10

einen tabellarischen Lebenslauf schreiben

a) Vergleichen Sie den folgenden tabellarischen Lebenslauf mit der ausführlichen Variante in Aufgabe 8! Für welche Form würden Sie sich entscheiden? Warum?

Lebenslauf

Name:	Riemer
Vorname:	Thomas
Adresse:	Faule Straße 13, 13260 Ernberg
Geburtsdatum:	21. 1. 1980
Geburtsort:	Ernberg
Vater:	Ernst Riemer, Mechaniker
Mutter:	Elisabeth Riemer, Sekretärin
Geschwister:	eine jüngere Schwester
Schulausbildung:	1986–1990 Grundschule in Ernberg, ab 1990 Gottfried-Herder-Schule in Schmalenburg, 1996 Realschulabschluss
Besondere Kenntnisse:	Mathematik, Informatik
Hobbys:	Naturschutz

Ernberg, den 20. Februar 1996

Thomas Riemer

b) Orientieren Sie sich an diesem Muster und schreiben Sie einen tabellarischen Lebenslauf mit Ihren persönlichen Daten!

c) Schreiben Sie Ihren tabellarischen Lebenslauf auf der Schreibmaschine / dem Computer!

Gehen Sie vor wie in Aufgabe 9 d!

Anfrage

Mithilfe einer **Anfrage** können Sie Informationen z. B. von einer Behörde oder Dienststelle oder von Experten einholen. Dabei kommt es darauf an, dass Sie die von Ihnen gewünschte Information genau kennzeichnen. Dazu gehört in der Regel, dass Sie die Beweggründe, die zu der Anfrage geführt haben, darlegen und die konkrete Situation, auf die Sie sich in Ihrer Anfrage beziehen, genau benennen.

Eine Anfrage ist ein offizielles Schreiben und unterliegt deshalb einer Norm, die Sie unbedingt einhalten sollten. (Vgl. hierzu das Beispiel in Aufgabe 1.)

Die Klasse 9 b wendet sich mit folgender Anfrage an ihre Schulleiterin:

Klasse 9 b   5. 6. 19..
Thomas-Mann-Oberschule (Realschule)
Mühlenstr. 15

19063 Schwerin

Frau
Vera Oelze
Schulleiterin der Thomas-Mann-Oberschule
Mühlenstr. 15

19063 Schwerin

Anfrage zur Aufstellung von Bänken auf dem Schulhof

Sehr geehrte Frau Oelze,

im Namen unserer Klasse bitten wir Sie, uns mitzuteilen, welche Möglichkeiten wir haben, bei der Schulhofgestaltung mitzuwirken. Vorrangig geht es uns darum, dass auf dem Schulhof einige Bänke aufgestellt werden; in den großen Pausen könnten sie zu Gesprächsinseln werden. Wir sind der Meinung, dass zu einer kulturvollen Unterhaltung auch eine entsprechende Umgebung gehört. Außerdem sind wir inzwischen in einem Alter, in dem der Bewegungsdrang nicht mehr so stark ist wie bei den Schülern der unteren Klassen, die ihre Pause als körperlichen Ausgleich brauchen. Momentan ist die Hofpause für uns nicht attraktiv, sodass die aufsichtsführenden Lehrer uns immer mit Nachdruck zum Hinausgehen auffordern müssen. Wir würden uns auch dafür einsetzen, dass die aufgestellten Bänke gepflegt werden.
Teilen Sie uns bitte recht bald mit, was wir tun müssen, damit wir Bänke für unseren Hof bekommen.

Mit freundlichen Grüßen

i. A.
Grid Becker

---

a) Notieren Sie in einem Satz, welche Anfrage gestellt wird!
b) Nennen Sie Stellen, an denen die Anfrage begründet wird! Halten Sie alle Begründungen für notwendig? Warum (nicht)?
c) Welche anderen gebräuchlichen Anrede- und Grußformeln für offizielle Schreiben kennen Sie? Notieren Sie einige!

2   Sie möchten bei der jeweils zuständigen Stelle schriftlich anfragen,

- warum das Schwimmbad in Ihrem Ort in diesem Sommer geschlossen bleibt;
- welches die Teilnahmebedingungen für den Karatekurs sind, für den in der Lokalzeitung geworben wird;
- wann der Fußgängerüberweg vor Ihrer Schule angelegt wird.

a) Notieren Sie die drei Betreffzeilen!
b) Formulieren Sie den Text für eine der Anfragen!

Antrag

Auch in einem **Antrag** können Sie – ähnlich wie in einer Anfrage – ein Anliegen vorbringen.
Im Unterschied zur Anfrage geht es hierbei jedoch nicht um das Einholen einer Information, sondern Sie wollen jemanden zu einer Entscheidung oder einer Handlung bewegen. Dabei ist es wichtig, dass Sie Ihre soziale Position als Antragsteller gegenüber dem Adressaten richtig einschätzen, damit Sie in Ihrem Schreiben die entsprechenden Formulierungen wählen können.
Auch Anträge sind offizielle Schreiben.

3   Die Schulleiterin der Realschule teilt der 9 b auf ihre Anfrage (Aufg. 1) mit, dass ein Antrag an den Finanzausschuss der Schule gestellt werden muss, um Geld für die Anschaffung von Bänken für den Schulhof zu erhalten. Daraufhin stellt die 9 b den folgenden Antrag.
Vergleichen Sie dieses Schreiben mit der Anfrage in Aufgabe 1! Welche Unterschiede stellen Sie fest? Notieren Sie diese in Stichpunkten!

Klasse 9 b   15. 6. 19..
Thomas-Mann-Oberschule
Mühlenstr. 15
19063 Schwerin

Finanzausschuss der
Thomas-Mann-Oberschule
Mühlenstr. 15

19063 Schwerin

Antrag auf Bereitstellung von Geld für Bänke auf dem Schulhof

Sehr geehrte Damen und Herren,

wir bitten Sie, bei der Planung der Gelder für das nächste Schuljahr den
Kauf von vier Bänken für den Schulhof zu berücksichtigen. Wir haben uns
in mehreren Baumärkten umgesehen; es müssten ca. 2000,– DM dafür
vorgesehen werden.
Für uns Schüler würde das Aufstellen der Bänke eine erhebliche Verbesserung der Pausenqualität bedeuten und auch das äußere Bild des Schul-
geländes würde dadurch gewinnen.
Über einen positiven Bescheid würden wir uns freuen.
Die Kostenangebote legen wir dem Antrag bei.

Mit freundlichen Grüßen

i. A.
Grit Becker

Anlage
2 Kostenangebote

Entwerfen Sie selbst einen Antrag! Wählen Sie einen der folgenden   **4**
Sachverhalte! Bringen Sie vorher in Erfahrung, an wen Sie Ihren Antrag richten müssten!

– Ihre Klasse möchte eine Fahrt nach Bansin auf der Insel Use-
  dom unternehmen und dort eine Nacht in der Jugendher-
  berge verbringen.
– Als Mitglieder des Jugendklubs Ihrer Stadt / Ihres Ortes
  wollen Sie und Ihre Freunde in den Ferien einige Räume des
  Klubs renovieren. Sie brauchen Geld für Farben.
– Im Rahmen einer Projektwoche möchte Ihre Klasse eine bestimmte Firma besichtigen. Sie sind an ausführlichen Informationen über den Betriebsablauf und an einer Führung interessiert.

Texte verstehen– mit Texten arbeiten

Wichtige Lesetechniken wiederholen

1 a) Erinnern Sie sich mithilfe der Übersicht an unterschiedliche Lesetechniken und erklären Sie die Verfahren!

totales/gründliches Lesen	Erfassen des gesamten Textinhalts
orientierendes/ überfliegendes Lesen	Verschaffen eines Überblicks über den Textinhalt
kursorisches/selektives Lesen	schnelles Erfassen des Wesentlichen/Heraussuchen bestimmter Informationen

b) Wann würden Sie die verschiedenen Lesetechniken anwenden? Geben Sie Beispiele!

Korrektur lesen

2 Häufig stehen Sie vor der Aufgabe, Texte – meist eigene – zur Überprüfung der Rechtschreibung (Orthographie) zu lesen. Dann müssen Sie eine weitere Lesetechnik anwenden: das Korrekturlesen oder das orthographische Lesen. Diese Lesetechnik erfordert große Aufmerksamkeit. Sie müssen sich beim Lesen auf die Schreibweise jedes einzelnen Wortes konzentrieren. Der Inhalt des Textes tritt dabei weitgehend in den Hintergrund.

a) Lesen Sie einen selbst verfassten Text (handschriftlich geschrieben, maschinegeschrieben, Bildschirmtext) zur Überprüfung der Rechtschreibung!

b) Ändern Sie die Fixierform des Textes (z. B. statt Bildschirmtext → Druckerauszug)!
Überprüfen Sie anschließend die Rechtschreibung noch einmal durch Korrekturlesen! Hat die Änderung der Textvorlage das Korrekturlesen beeinflusst?

c) Kontrollieren Sie einen Text Ihrer Lernpartnerin / Ihres Lernpartners!
Welche Unterschiede bestehen gegenüber dem Korrekturlesen eines eigenen Textes?

orientierend lesen

3 Verschaffen Sie sich durch orientierendes Lesen einen Überblick über den Inhalt eines Textes zur Sprachgeschichte auf Seite 166 f.! Sagen Sie mit wenigen Sätzen, welcher sprachgeschichtliche Sachverhalt beschrieben wird!

a) Der Abschnitt zur Sprachgeschichte, Seite 166 f., erklärt die Fachwörter *Standardsprache, Regiolekt* und *Dialekt.* Lesen Sie den Text kursorisch und markieren Sie mithilfe einer Überdeckfolie die Stellen, die die Erklärungen enthalten!

b) Suchen Sie durch kursorisches Lesen die Textstellen auf, die etwas über die Beziehungen zwischen den drei Sprachformen aussagen!

4
kursorisch lesen

a) Lesen Sie den Text über die soziale Differenzierung von Sprache auf Seite 169 kursorisch unter der Fragestellung „Welches sind die Besonderheiten der Jugendsprache?"! Markieren Sie mithilfe einer Überdeckfolie die Stellen, die etwas dazu aussagen!

b) Notieren Sie auf der Grundlage Ihrer Markierungen Stichpunkte und beantworten Sie die Frage mit deren Hilfe!

5

a) Achten Sie beim ersten Lesen des folgenden Textes auf eventuelle Lese- und Verstehensprobleme! Markieren Sie diese Stellen mithilfe einer Überdeckfolie!

6
Lese- und Verstehens-schwierigkeiten analysieren

Fujiyama und See Ashinoko in Japan

(1) Das auf dem zirkumpazifischen Feuergürtel gelegene Japan zählt nicht nur zu den wichtigsten Wirtschaftsregionen der Welt, sondern auch, da geotektonisch auf einer äußerst aktiven Zone liegend, zu den bedeutendsten Erdbebengebieten. (2) Die Insel wird von Tausenden spürbaren Beben ab Stärke 3 geschüttelt und ab und an von einem Beben der Stärke 7 bis 8 heimgesucht. (3) Der Grund für diese Katastrophen liegt in der Bewegung der Erdplatten, und zwar besonders an dem Zusammenstoßen der zwei Lithosphärenplatten, der philippinischen und der pazifischen Platte, mit der eurasischen Platte. (4) Die pazifische Platte schiebt sich im Norden Japans mit einer Höchstgeschwindigkeit von 10,3 cm pro Jahr unter die eurasische Platte. (5) Wenn sich die Platten dabei verhaken, entstehen Spannungen, die sich dann plötzlich entladen, wenn die Platten aneinander vorbeischrammen.

b) Worin sehen Sie Ursachen für die möglicherweise aufgetretenen Lese- und Verstehensschwierigkeiten?

c) Lösen Sie die Sätze (1) und (3) in jeweils mehrere überschaubare Sätze auf! Erhöht sich dadurch die Verständlichkeit des Textes?

Wenn Sie **Lese- oder Verstehensschwierigkeiten** haben, können Sie folgendermaßen vorgehen:
- betreffende Textstelle mehrmals lesen, um möglichst viele Informationen zu erfassen und evtl. zunächst Überlesenes auch aufzunehmen,
- den vorhergehenden und den nachfolgenden Text lesen, um die fragliche Textstelle aus dem Sinnzusammenhang zu erschließen,
- komplizierte Satzstrukturen auflösen,
- Nachschlagewerke benutzen, um unbekannte Begriffe zu klären.

Texte vortragen

7

a) Lesen Sie den Text der Aufgabe 6 laut vor! Untersuchen Sie gemeinsam Schwierigkeiten, die beim Lesevortrag aufgetreten sind!

b) Üben Sie das Vorlesen dieses Textes! Berücksichtigen Sie dabei die Ergebnisse Ihrer Untersuchung aus Aufgabe a)!

Verordnungen und Gesetze lesen

Gesetzestexte und **Verordnungen** geben Normen vor und sind in hohem Grad verbindlich. Sie sind in der Fachsprache der Juristen abgefasst, die von Genauigkeit und eindeutiger Begrifflichkeit geprägt ist. Da Gesetzestexte juristische Fachwörter und häufig komplizierte Satzstrukturen enthalten, sind sie nicht immer leicht zu lesen und zu verstehen.

8
a) Verstehen Sie den folgenden Text nach nur einmaligem Lesen? Überprüfen Sie das, indem Sie versuchen den Inhalt wiederzugeben!

Eigentum und Vertrag

Mit der Anerkennung des Privateigentums als andere Personen ausschließende Verfügung über Sachen ist zugleich anerkannt, dass das Überlassen von Eigentum zu Gebrauch und Nutzung durch andere dem freien Ermessen des Eigentümers vorbehalten ist. Neben die Verwendung von Eigentum zu eigenem Gebrauch und Verbrauch tritt daher als wichtige ökonomische Verwendung sein vertragliches Verfügbarmachen für andere gegen Entgelt, d. h. zum Erzielen von Einkommen.

b) Wodurch wird das Verstehen des Textes erschwert?

In der Regel ist der Inhalt von Gesetzestexten nach einmaligem Lesen **9**
nicht verständlich. Manchmal kann es helfen, zusammengesetzte Sätze
in mehrere Einzelsätze aufzulösen, die Satzglieder eines Satzes zu bestimmen oder die Satzgliedfolge zu verändern.

a) Schauen Sie sich noch einmal den Text der Aufgabe 8 an!
   Lösen Sie den ersten Satz auf, indem Sie die folgende Frage beantworten:
   Was heißt *Anerkennung des Privateigentums* und was ist damit *zugleich anerkannt*?
   Schreiben Sie für beide Teile der Antwort je einen vollständigen Satz
   auf!
b) Bestimmen Sie im zweiten Satz des Textes Subjekt und Prädikat!
   Formulieren Sie den Satz so um, dass das Subjekt am Satzanfang
   steht!
c) Auch bekannte deutsche Wörter sind manchmal nicht ohne weiteres verständlich, wenn sie als Fachbegriffe verwendet werden.
   Schreiben Sie solche Wörter und Wendungen aus dem Text der Aufgabe 8 heraus und versuchen Sie sie zu „übersetzen"!
   Beispiel: *vertragliches Verfügbarmachen → durch ein Abkommen /
   einen Vertrag zur Nutzung freigeben*

Versuchen Sie den Text der Aufgabe 8 so umzuschreiben, dass er leich- **10**
ter verständlich wird! Machen Sie sich dabei alles zunutze, was Sie in
Aufgabe 9 geübt haben!

a) Prüfen Sie nach einmaligem Lesen des § 110 des Bürgerlichen Ge- **11**
   setzbuches (BGB), ob Sie den Text verstanden haben! Nennen Sie
   eventuell aufgetretene Schwierigkeiten!

> **§ 110. [„Taschengeldparagraph"]** Ein von dem Minderjährigen ohne Zu-
> stimmung des gesetzlichen Vertreters geschlossener Vertrag gilt als von An-
> fang an wirksam, wenn der Minderjährige die vertragsmäßige Leistung
> mit Mitteln bewirkt, die ihm zu diesem Zwecke oder zu freier Verfügung
> von dem Vertreter oder mit dessen Zustimmung von einem Dritten über-
> lassen worden sind.

b) Untersuchen Sie die sprachliche Gestaltung des Textes und versuchen sie herauszufinden, woraus sich Schwierigkeiten beim Textver-
   ständnis ergeben können!
c) Versuchen Sie sich den Inhalt des „*Taschengeldparagraphen*" zu ver-
   deutlichen, indem Sie die folgende Frage beantworten:
   Unter welcher Bedingung gilt ein Vertrag mit einem Minderjähri-
   gen, der ohne Zustimmung des gesetzlichen Vertreters geschlossen
   wurde, *als von Anfang an wirksam*?

d) Um den § 110 des BGB vollständig verstehen zu können, muss man die Bedeutung des Fachwortes *Minderjähriger* kennen.
Erschließen Sie die juristische Bedeutung dieses Wortes mithilfe des folgenden Paragraphen 2 des BGB!

§ 2. [Beginn der Volljährigkeit] Die Volljährigkeit tritt mit der Vollendung des achtzehnten Lebensjahres ein.

e) Geben Sie den Inhalt des § 110 mit eigenen Worten wieder!

12 a) Lesen Sie zunächst nur den Absatz (1) des folgenden Textes aus dem Grundgesetz (GG)! Welches Fachwort steht im Zentrum seiner Aussage?

I. Die Grundrechte, Artikel 11 [Freizügigkeit]
(1) Alle Deutschen genießen Freizügigkeit im ganzen Bundesgebiet.
(2) Dieses Recht darf nur durch Gesetz oder aufgrund eines Gesetzes und nur für die Fälle eingeschränkt werden, in denen eine ausreichende Lebensgrundlage nicht vorhanden ist und der Allgemeinheit daraus besondere Lasten entstehen würden oder in denen es zur Abwehr einer drohenden Gefahr für den Bestand oder die freiheitliche demokratische Grundordnung des Bundes oder eines Landes, zur Bekämpfung von Seuchengefahr, Naturkatastrophen oder besonders schweren Unglücksfällen, zum Schutze der Jugend vor Verwahrlosung oder um strafbaren Handlungen vorzubeugen, erforderlich ist.

b) Lesen Sie zur Bedeutung des juristischen Fachwortes *Freizügigkeit* den folgenden Auszug aus dem „Kleinen Rechtswörterbuch"!

Freizügigkeit → Niederlassungsfreiheit.
Niederlassungsfreiheit. Jeder Deutsche kann sich aufgrund der durch Art. 11 I GG garantierten Freizügigkeit an jedem Ort innerhalb des Bundesgebietes niederlassen. Einschränkungen dieses Grundrechtes sind nur nach Maßgabe des Art. 11 II GG zulässig. Die N. umfasst das Recht, Grundeigentum zu erwerben und eine gewerbliche oder sonstige Berufstätigkeit aufzunehmen.

c) Was bedeutet die Wendung *nach Maßgabe des Art. 11 II GG*? Welche andere, Ihnen geläufigere Formulierung könnte man dafür verwenden?

13 a) Lesen Sie Absatz (2) des Gesetzestextes in Aufgabe 12 mehrmals gründlich! Prüfen Sie, worin mögliche Verstehensschwierigkeiten begründet sind!

b) Absatz (2) des Artikels 11 des Grundgesetzes besagt, dass das Grundrecht auf Freizügigkeit vom Staat nicht aufgehoben werden kann. Es kann aber unter bestimmten Voraussetzungen, die vom Gesetz festgelegt sein müssen, eingeschränkt werden.
In welchen Fällen wird dieses Grundrecht eingeschränkt? Unterstreichen Sie die entsprechenden Stellen im Text (Überdeckfolie)!
c) Erläutern Sie den Inhalt des Absatzes (2)!

Den Inhalt eines Textes erfassen

Die Hauptaussage eines Textes herausarbeiten

a) Mit welchem Aspekt des Problems *Doping* beschäftigt sich der folgende Text?

1

Ich habe im vergangenen Jahr drei Briefe bekommen. Nun kann man sagen, drei Briefe in einem Jahr sind nicht viel. Das stimmt, aber allein ein einziger mit etwa folgendem Inhalt wäre hier schon zu viel gewesen:
„Meine Tochter, elf Jahre alt, oder mein Sohn, acht Jahre alt, sind überdurchschnittlich gute Talente für diese oder jene Sportart. Nun gibt es ja die verschiedensten Doping- oder Hormonsubstanzen, um in überdurchschnittlicher Weise die diesbezügliche Leistungsfähigkeit zu fördern. Meine Bitte an Sie: Könnten Sie die Substanzen und die Dosen nennen, in welcher Größen-ordnung sie gespritzt werden müssen?"
Jeweils war es ein Vater oder eine Mutter, der bzw. die einen solchen Brief schrieb. Ich habe darauf geantwortet, dass größte gesundheitliche Schadensmöglichkeiten bei Inanspruchnahme derartiger Methoden gerade im Kindesalter drohen. Vor allem wies ich dringend darauf hin, dass die Einnahme von Anabolika vor Abschluss des Wachstums zu einem Stopp in den Wachstumszonen des Körpers führt und damit also die Betreffenden anormal klein werden lassen. Ich habe keine Antwort auf meine Briefe bekommen.

b) Warum macht uns die Hauptaussage dieses Textes besonders betroffen?
c) Welche Haltung nimmt der Autor des Textes zu dem dargestellten Problem ein? Aus welchen Formulierungen lässt sich seine Meinung ablesen?
d) Formulieren Sie die Hauptaussage des Textes!

2 a) Um die Hauptaussage des folgenden Textes herauszuarbeiten, soll-
ten Sie sich beim Lesen Stichpunkte zu diesen Fragen machen:
   – Mit welchem Problem setzt sich der Autor auseinander?
   – Welche Absicht verfolgt er mit seinem Text?
   – In welcher Weise wird das Thema *Drogen* behandelt?
   – Welche wichtigen Informationen zum Thema werden gegeben?

Drogen sind Substanzen, die in die natürlichen Abläufe des Körpers eingreifen und Stimmungen, Gefühle und Wahrnehmungen beeinflussen. Damit sind nicht nur die illegalen Drogen wie Haschisch, LSD, Heroin und Kokain gemeint, sondern auch die legalen Drogen wie Nikotin, Alkohol und Medikamente, deren Missbrauch insgesamt in der Bundesrepublik ein viel größeres Ausmaß hat. Bei Missbrauch sind sie in ihrer zerstörerischen Wirkung aber durchaus den illegalen Drogen vergleichbar. Im Bewusstsein der Öffentlichkeit wird dies leider noch immer unterschätzt.

Eine allgemein gültige Definition von Sucht gibt es nicht.

Sucht war ursprünglich das Wort für Krankheit. Heute versteht man darunter eine krankhafte, zwanghafte Abhängigkeit von Stoffen, das Verlangen nach einer ständig erneuten Einnahme dieser Stoffe, um ein bestimmtes Lustgefühl zu erreichen oder Unlustgefühle zu vermeiden. Dieser Zustand tritt nach einer längeren Phase der Gewöhnung ein, wenn regelmäßiger oder dauernder Konsum zu einer physischen und/oder psychischen Abhängigkeit geführt hat.

Von physischer Abhängigkeit spricht man, wenn der Körper die Stoffe in seinen Stoffwechsel eingebaut hat und wenn nach Absetzen der Drogen körperliche Entzugserscheinungen wie Schweißausbrüche, Fieber, Muskelschmerzen oder Erbrechen auftreten. Der Begriff der psychischen Abhängigkeit wurde eingeführt, weil bei einigen Drogen (z. B. LSD, Kokain, Haschisch) keine körperliche Abhängigkeit auftritt, aber das Verlangen, den Konsum fortzusetzen, dennoch sehr stark und nicht mehr steuerbar ist. Wenn das Mittel abgesetzt wird, treten Unlustgefühle und Depressionen auf. Sucht bedeutet in beiden Fällen Unfreiheit. Der Mensch kann mit dem Suchtmittel nicht mehr frei umgehen.

In der Öffentlichkeit wird vor allem die Abhängigkeit von illegalen Drogen sowie von Alkohol und Medikamenten zum Thema gemacht. Die Abhängigkeit von diesen Stoffen ist auch als Krankheit anerkannt. Aber was ist mit Spielsucht, Kaufsucht, Arbeitssucht, Fernsehsucht, Ess- und Brechsucht? Nicht stoffgebundene Abhängigkeiten sind oft auf den ersten Blick nicht als süchtige Verhaltensweisen zu erkennen. Aber auch

sie können ebenso zur „Krücke" für Lebensbewältigung werden wie stoffliche Suchtmittel und genauso zerstörerisch sein. Der/Dem Betroffenen erscheint es zunächst so, als bringe das Suchtmittel Erleichterung, Entlastung in einer schwierigen Situation. Erst nach einiger Zeit stellt sie/er fest: „Nicht ich habe die Droge (unter Kontrolle), sondern das Mittel hat mich."

Während der letzten Jahre wurde zunehmend Mehrfachabhängigkeit (Polytoxikomanie) beobachtet. Das heißt, die Abhängigen nehmen nicht ausschließlich nur eine Droge.

b) Versuchen Sie mithilfe Ihrer Stichpunkte (Aufg. a) die Hauptaussage des Textes in wenigen Sätzen zu formulieren!

c) Im Text wird das Fachwort *Depression* verwendet. Prüfen Sie, ob eine genaue Kenntnis des Begriffs für die Darstellung des aufgeworfenen Problems erforderlich ist! Klären Sie den Begriffsinhalt gegebenenfalls mithilfe eines Wörterbuchs!

3 a) Welcher Aspekt der Drogenproblematik ist Thema des folgenden Textes?

Das Bild, das die Öffentlichkeit von der Drogenproblematik hat, wird in hohem Maße durch die Berichterstattung der Massenmedien geprägt. Diese ist oft unvollständig und widersprüchlich. Es überwiegen dramatische Schilderungen von Einzelfällen. Dabei wird die Schuld für die Entwicklung von Drogenabhängigkeit weitgehend bei den Betroffenen gesehen. Viele zeigen gegenüber Drogenabhängigen die gleiche Einstellung wie gegenüber Menschen mit einer ansteckenden Krankheit: Bloß nichts mit denen zu tun haben! Obwohl sie selbst keine Drogenabhängigen kennen und wenig über sie wissen, stempeln sie diese als asoziale Außenseiter ab, vor denen die Gesellschaft geschützt werden muss. Wo aber Angst und Ablehnung das Verhalten bestimmen, entsteht leicht ein verzerrtes Bild von der Realität, sodass die vielfältigen Ursachen der Drogenproblematik aus dem Blick geraten. Angst und Abwehr drängen nach Maßnahmen, die schnelle Abhilfe versprechen: Mehr Polizei, mehr Medizin, mehr Beratung. Alle, die sich mit dem Thema beschäftigen, wissen, dass es damit nicht getan ist.

b) Formulieren Sie die Hauptaussage des Textes! Nehmen Sie dabei die unter Aufgabe 2 a) aufgeführten Fragen zu Hilfe!

c) Vergleichen Sie die Hauptaussage dieses Textes mit der des Textes von Aufgabe 2! Wodurch unterscheiden sie sich voneinander?

> Beim **Zusammenfassen des Inhalts eines Textes** kommt es darauf an, sich auf seine Hauptaussage zu konzentrieren. Sie sollten zunächst das Thema festhalten und danach den wesentlichen Inhalt zusammenfassen. Die Struktur des Textes muss dabei nicht unbedingt beibehalten werden.
> Mögliche **Techniken des Zusammenfassens**:
> – **Weglassen** von unwesentlichen Informationen, Wiederholungen, Beispielen, Erläuterungen u. Ä.,
> – **Zusammenfassen** mehrerer Einzelaussagen zu einer komplexen Information,
> – **Verallgemeinern** von Einzelaussagen, z. B. durch Verwenden eines Oberbegriffs: *Apfel, Birne, Pflaume* → *Obst.*

4   a) Lesen Sie den folgenden Text und notieren Sie das darin behandelte Thema!

Uferschwalbe
vor ihrer Nisthöhle

Verwandtschaft ist wesentliches Prinzip und gestaltendes Element jeder innerartlichen engen Gemeinschaft. Menschen pflegen streng nach Sippenzugehörigkeit und Grad zu differenzieren. Sie kennzeichnen jeden Einzelnen akribisch, etwa mit einem Familiennamen, und führen ausgetüftelte Stammbäume.

Aber auch die Tier- und Pflanzenwelt birgt vielerlei Möglichkeiten, dass nah verwandte Individuen einander erkennen, ob dies nun Blütenpflanzen sind oder etwa Wespen. Auf besondere geistige Fähigkeiten oder eine hohe soziale Entwicklungsstufe kommt es dabei nicht an. Für das Erkennen von Verwandten gibt es im Prinzip zwei Möglichkeiten: Tiere oder Pflanzen können sich entweder an individuellen Merkmalen orientieren oder sie benutzen andere Anhaltspunkte, z. B. Ort und Zeit. Die erste Methode nennen wir direktes, die zweite indirektes Erkennen. Häufig kombinieren Organismen beide Methoden. So benutzen Uferschwalben als Erkennungsmerkmal für die

eigene Brut in den ersten Wochen die Höhle, die sie selbst gegraben haben. Normalerweise befinden sich darin nur eigene Junge. Den flüggen Nachwuchs allerdings erkennen die Eltern in den großen Brutkolonien an der Stimme. Furchenbienen lassen Fremde nicht ins Nest. An dessen Eingang halten Arbeiterinnen Wache, die jeden Ankömmling kontrollieren. Sie erkennen die Zugehörigkeit am Geruch. Berg-Rittersporn kann den Pollen von Verwandten und Nichtverwandten unterscheiden. So wird die Befruchtung mit allzu ähnlichem, aber auch mit allzu verschiedenartigem Erbgut vermieden.

Die Erforschung dieser Vorgänge und ihrer evolutiven Herkunft bringt unerwartete Einblicke in vielerlei Lebensprozesse – und dies auf sehr verschiedenen Ebenen und zu verschiedensten Fragen. Beispielsweise ergeben sich neue Aspekte zur Wahl von Fortpflanzungspartnern, zum Lernen oder sogar zur Funktionsweise des Immunsystems.

b) Würden Sie in eine Zusammenfassung des Inhalts den ersten Absatz mit einbeziehen oder könnte man ihn unberücksichtigt lassen? Begründen Sie Ihre Entscheidung!

c) Im zweiten Abschnitt werden mehrere Beispiele angeführt. Entscheiden Sie,
   - ob Sie in einer Zusammenfassung alle darin gegebenen Informationen berücksichtigen müssen,
   - ob eine Auswahl genügen könnte oder
   - ob Sie zugunsten einer komprimierten sprachlichen Darstellung ganz auf die Beispiele verzichten sollten!

d) Fassen Sie – unter Zuhilfenahme Ihrer Ergebnisse von a) bis c) – den Inhalt des Textes zusammen!

den Inhalt eines Textes zusammenfassen

Eine besondere Form des Zusammenfassens eines Textinhalts ist das Anfertigen eines **Konspekts**. Dabei geht es darum, die wichtigsten Informationen zu erfassen und sie sprachlich verdichtet und geordnet festzuhalten. In der Regel werden Stichpunkte notiert; wörtlich übernommen werden nur besonders wichtige oder interessante Textstellen. Zum Konspekt gehört immer eine genaue Quellenangabe.

Schrittfolge beim **Konspektieren**:
- Lesen des Textes und Ermitteln seiner Struktur (Orientieren Sie sich an Teilüberschriften, Absätzen u. Ä.!),
- abschnittweises Durcharbeiten des Textes und Erfassen der wesentlichen Informationen,
- Verdichten der wichtigsten Informationen zu Stichpunkten,
- Notieren der Stichpunkte in übersichtlicher Form (Achten Sie auf verständliche Formulierungen und eindeutige Abkürzungen und lassen Sie einen breiten Rand für eventuelle spätere Anmerkungen!).

a) Lesen Sie den folgenden Text und den Anfang eines Konspekts, den eine Schülerin davon angefertigt hat!

5

Der Lufthauch, der viel über unser Leben verrät: der Atem

Im engeren Sinn bedeutet Atmung nichts anderes als Gasaustausch. Der Mensch nimmt Sauerstoff aus der Umwelt auf, um seinen Stoffwechsel und damit seine Energien zu sichern, und gibt das dabei anfallende Kohlendioxid wieder ab. Dazu muss das Blut Kontakt zur Außenluft aufnehmen. 300 Millionen gasdurchlässige Lungenbläschen, die Alveolen, mit einer Gesamtoberfläche von etwa 100 m² sorgen dafür, dass dies ohne größere Anstrengung geschieht. Voraussetzung ist allerdings, dass der Druck in den Alveolen beim Einatmen kleiner und beim Ausatmen größer ist als der Druck in der Atemluft. Aus diesem Grund werden die Muskeln wie ein Blasebalg ausgedehnt und wieder zusammengepresst. Biologisch und phy-

sikalisch gehört das Atmen, auch wenn es lebensnotwendig ist, also nicht zu den komplizierten Vorgängen im menschlichen Körper.

Die physiologische Hauptaufgabe der Atmung besteht darin, den Organismus mit ausreichend Sauerstoff zu versorgen. Doch seine tatsächliche Bedeutung geht weit darüber hinaus. Beim tiefen Einatmen wird die Wirbelsäule gestreckt, man „wächst über sich hinaus", beim tief ausatmenden Seufzer hingegen krümmt sich der Körper, man fällt in sich zusammen wie ein Luftballon, aus dem die Luft entweicht. Der Atem entscheidet, ob die Stimme warm und ruhig oder hektisch und gebrochen klingt. Und: Schönheiten wirken „atemberaubend", beim Schock „bleibt uns die Luft weg", die Spannung des Film-Thrillers lässt uns „die Luft anhalten". Kein anderer physiologischer Vorgang hat so viele Bedeutungen, keiner wirkt so ganzheitlich auf uns wie die Atmung. Erst in jüngerer Zeit beginnt man zu erkennen, dass mit der Atmung zahlreiche physische und psychische Veränderungen einhergehen, die sie zu einem der wichtigsten Faktoren der menschlichen Gesundheit machen. Je besser es gelingt, den Körper ausreichend mit Sauerstoff zu versorgen, umso besser sieht es mit unserer geistigen und physischen Fitness aus. Denn nur mit Sauerstoff kann unser Körper die ihm zugeführten Nährstoffe vollständig verbrennen, sodass es zu keiner belastenden Anreicherung von Abfällen kommt.

Sauerstoffmangel zwingt den Körper hingegen dazu, auf anaerobe Energiegewinnung umzustellen, bei der nur unvollständig bis zur Milchsäure „abgebrannt" wird, d. h., die Milchsäure bleibt als Rest übrig. Durch die Anreicherung von Milchsäure werden wichtige Enzyme lahm gelegt. Die Folge: Wir werden müde und wir haben Mühe, uns zu konzentrieren. Andererseits kann eine Sauerstoffüberversorgung ebenfalls ungünstige Auswirkungen haben und zu Angst- und Stress-Symptomen, Kopfschmerzen und Konzentrationsstörungen führen. Ein typisches Beispiel hierfür ist der berüchtigte „Black-out" bei Examen. Der Prüfling hat sich bestens vorbereitet und alles Wichtige in seinem Gehirn gespeichert. Doch dann atmet er im entscheidenden Augenblick zu schnell und zu viel, sein Blut gerät in den alkalischen Bereich – und lässt in seinem Gehirn nichts als Leere zurück.

Von Ärzten, Atemtherapeuten und Krankengymnasten wird einstimmig beklagt, dass es mit der Zwerchfellatmung in unserer Gesellschaft nicht gut bestellt ist. „Die meisten Menschen, vor allem Frauen, atmen schwerpunktmäßig aus dem Brustbereich heraus", erklärt der Düsseldorfer Krankengymnast Robert Lilje, „die Bauchatmung wird fast vollständig vernachlässigt." Die Gründe für diese einseitige Atemtechnik können vielschichtig sein: Eitelkeit (wer streckt schon gern seinen Bauch nach vorn), Verkrampftsein, falsche Erziehungsvorbilder, aber auch Stress und Hektik, die keine Zeit für tiefes Bauchatmen lassen.

Die brustbetonte Atmung hat jedoch Auswirkungen auf die Psyche, da der Brustkorb viel unbeweglicher ist als der weiche Bauchraum. Die Atemmuskeln werden gezwungen, mehr oder weniger in einem chronischen Spannungszustand zu verharren. Dieser Zustand wird über Sinneszellen des so genannten „propriozeptischen

Systems", die sich weit verstreut an Knochen, Sehnen und Muskeln befinden, ans Gehirn übermittelt. Die Folge: Wir fühlen uns insgesamt verspannt und verkrampft. Klaus Neubeck, Psychologe und Soziologe aus München, meint dazu: „Die propriozeptive Selbstwahrnehmung ist die Basis der körperlichen Selbstbewusstheit. Sie besitzt als inneres Sinnesorgan weit mehr Nervenenden als alle anderen Sinnesorgane zusammen."

Dadurch können sich bestimmte Atemtechniken unter Umständen intensiver auf unsere Psyche auswirken als etwa Eindrücke, die mit den Ohren oder Augen aufgenommen werden: Eine hektische, starre Atmung mit gestreckter Wirbelsäule – und wir fühlen uns insgesamt „halsstarrig", eine tiefe, ruhige Bauchatmung mit Zwerchfelleinsatz – und wir fühlen uns rundum locker genug, unsere Entscheidungen „aus dem Bauch heraus" zu fällen.

Zittlau, Jörg: Ein Lufthauch, der viel über unser Leben verrät: der Atem. In: Deutsch – Wege zum sicheren Sprachgebrauch 9. Berlin: Volk und Wissen Verlag, 1998, Seite 103 ff.

- Atmung im engeren Sinn = Gasaustausch
  • Sauerstoffaufnahme (Sicherung des Stoffwechsels, der Energien)
  • Abgabe des anfallenden Kohlendioxids
- Kontakt des Blutes zur Außenluft notw.
  • 300 Mill. gasdurchlässige Lungenbläschen (Alveolen) mit 100 m² Gesamtoberfläche
  • Voraussetzung: kleinerer Druck beim Einatmen / größerer Druck beim Ausatmen in den Alveolen als der Druck in der Außenluft
  • Ausdehnen und Zusammenpressen der Muskeln (Blasebalg)
- Atmen kein komplizierter biologischer und physikalischer Vorgang, aber lebensnotwendig

---

b) Wie bewerten Sie den Anfang des Konspekts? Würden Sie etwas verändern?

c) Fertigen Sie selbst einen vollständigen Konspekt zu dem Text an!

einen Konspekt anfertigen

Beim **Exzerpieren** geht es darum, einem Text Informationen unter einer bestimmten Fragestellung zu entnehmen und sie sinngemäß, häufig auch wörtlich (Zitat) festzuhalten.

Auch zum **Exzerpt** gehört eine genaue Quellenangabe; Seitenangaben ermöglichen ein schnelles Wiederauffinden der Textstellen.

Schrittfolge beim Exzerpieren:

– Bestimmen der Fragestellung, unter der der Text durchgearbeitet werden soll,

– kursorisches Lesen des Textes und Kennzeichnen der Textstellen, die Informationen zu der bestimmten Fragestellung enthalten,

– gründliches Lesen der Textstellen,

– Herausschreiben der wesentlichen Informationen.

1 Unter der Fragestellung „Zwerchfellatmung oder brustbetontes Atmen – welche Bedeutung haben sie für den Menschen?" hat ein Schüler auf der Grundlage des Textes von Aufgabe 5, Seite 103 ff., das folgende Exzerpt angefertigt. Beurteilen Sie es im Hinblick auf Inhalt und Gestaltung!

Zwerchfellatmung oder brustbetontes Atmen – welche Bedeutung haben sie für den Menschen?

Quelle: Zittlau, Jörg: Ein Lufthauch, der viel über unser Leben verrät: der Atem. In: Deutsch – Wege zum sicheren Sprachgebrauch 9. Berlin: Volk u. Wissen, 1998, S. 103 ff.

S. 104 – mit der Zwerchfellatmung ist es in unserer Gesellschaft nicht gut bestellt:
- die meisten atmen hauptsächlich aus dem Brustkorb heraus
- Bauchatmung fast vollständig vernachlässigt, mögl. Gründe:
  + Eitelkeit + falsche Erziehungsvorbilder
  + Verkrampftsein + Stress u. Hektik

S. 104 f. – brustbetonte Atmung hat Auswirkg. auf Psyche:
- Brustkorb viel unbeweglicher als weicher Bauchraum →
  – Atemmuskeln müssen in chronischem Spannungszustand verharren (mehr o. weniger)
  – Übertragung dieses Zustands über Sinneszellen an den Knochen, Sehnen u. Muskeln („propriozeptisches System") ans Gehirn
  – Folge: Gefühl der Verspanng./Verkrampfg.
- hektische, starre Atmung mit gestreckter Wirbelsäule → wir fühlen uns „halsstarrig"
- tiefe, ruhige Bauchatmung mit Zwerchfelleinsatz → wir fühlen uns rundum locker

---

Fertigen Sie auf der Grundlage des Textes von Aufgabe 5, Seite 103 ff., ein Exzerpt unter folgender Fragestellung an:

2
ein Exzerpt
anfertigen

„Welche Auswirkungen haben Sauerstoffmangel und Sauerstoffüberversorgung auf den menschlichen Körper?"

Vergessen Sie nicht, eine genaue Quellenangabe zu machen! (Vgl. Sie hierzu auch Abschn. „Zitieren", Rahmen, S. 108 u. 109)!

Lesen Sie die Texte über soziale Differenzierungen in der deutschen Sprache (S. 169, 170 u. 171) unter der Fragestellung „Was sind Fachsprachen?"!
Fertigen Sie ein Exzerpt an!

3

Zitieren

Zitate sind wörtliche (buchstabengetreue) Wiedergaben schriftlicher oder mündlicher Äußerungen anderer.
Sie können sie u. a. nutzen
– zur Einführung eines Gedankens,
– zur Kenntlichmachung eines Problems,
– als Argument (Autoritätsbeweis),
– als Gegenstand einer Auseinandersetzung,
– als Zusammenfassung am Schluss eines Gedankengangs.

Suchen Sie die Zitate aus dem Text von Aufgabe 5, Seite 103 ff., heraus und bestimmen Sie Ihre Funktion!

1
die Funktion
von Zitaten
bestimmen

Beim **Zitieren** müssen Sie auf Folgendes achten:
– Zitate sollten sparsam eingesetzt werden.
– Es sollten keine zu langen Zitate verwendet werden. (Das kann die Lesbarkeit Ihres Textes beeinträchtigen.)
– Zitate müssen in ihrem Textzusammenhang verwendet werden; es darf keine Sinnverfälschung durch Veränderung, Auslassung oder Kürzung entstehen.
– Anfang und Ende des Zitats müssen durch Anführungszeichen kenntlich gemacht werden.
– Kürzungen und Auslassungen müssen durch drei Punkte in eckigen Klammern [...] gekennzeichnet werden.
– Hinzufügungen oder Hervorhebungen im Zitat müssen in eckige Klammern gesetzt werden.
– Jedes Zitat ist mit einer genauen Quellenangabe zu versehen.

2   Sie sollen sich schriftlich dazu äußern, ob Doping Gefahren für die Gesundheit mit sich bringt.

a) Welche Stelle aus dem Text der Aufgabe 1, Seite 99, könnten Sie in Ihrem Beitrag zitieren? Schreiben Sie diese Stelle heraus!

b) Begründen Sie Ihre Wahl! In welchen Zusammenhang würden Sie das gewählte Zitat stellen? Mit welcher Funktion?

Herkunft und Wortlaut eines Zitats müssen überprüfbar sein; deshalb gehört zu jedem Zitat eine genaue **Quellenangabe**. Dafür sind laut DIN folgende Angaben erforderlich:

Verfasser, Titel, Erscheinungsort, Verlag, Erscheinungsjahr, Seite.

Je nach Herkunft des Zitats unterscheiden sich die Angaben:

– **Zitat aus einem Buchtitel:**
Familienname und Vorname des Verfassers, Titel (ggf. Untertitel), Erscheinungsort, Verlag, Erscheinungsjahr, Seitenangabe, z. B.
Reiners, Ludwig: Stilfibel. Der sichere Weg zum guten Deutsch. München: Deutscher Taschenbuch Verlag, 1993, S. 24
oder in Kurzform:
Reiners, L.: Stilfibel. Der sichere Weg zum guten Deutsch. München: Dt. Taschenbuch Verl., 1993, S. 24

– **Zitat aus einem Sammelband mit verschiedenen Autoren:**
Familienname und Vorname des Verfassers, Titel (ggf. Untertitel). In: Titel des Sammelbands, Vorname und Familienname des Herausgebers, Erscheinungsort, Verlag, Erscheinungsjahr, Seitenangabe, z. B.
Jacobs, Karl-Heinz: Überfall auf den Nordexpress. In: Literatur und Umwelt. Ein Beitrag zur geistig-kulturellen Vereinigung Deutschlands. Hrsg. von der Katholischen Akademie Hamburg in Verbindung mit dem Bundesministerium für Bildung und Wissenschaft. Hamburg: Katholische Akademie, 1994, S. 67 ff.

– **Zitat aus einer Zeitschrift:**
Familienname und Vorname des Verfassers, Titel (ggf. Untertitel). In: Name der Zeitschrift, Jahrgang, Erscheinungsjahr (in Klammern!), Nr. der Ausgabe, Seitenangabe, z. B.
Menzel, Wolfgang: Was eine Geschichte spannend macht. Textanalyse und Schreiben. In: Praxis Deutsch 16, (1989), Nr. 98, S. 38–41

3   Schlagen Sie im Quellenverzeichnis Ihres Sprachbuchs oder eines anderen Lehrbuchs nach und schreiben Sie je ein Beispiel für die im Rahmen aufgeführten Quellenangaben heraus!

Können Sie Unterschiede zu den im Rahmen gegebenen Zitierregeln feststellen? Welche?

Wenn Sie nicht wörtlich, sondern **sinngemäß zitieren**, werden keine Anführungszeichen gesetzt. Aber auch hier gilt:
- Trotz der Veränderung des Wortlauts muss der Sinn des Zitats erhalten bleiben.
- Für die Quellenangabe gelten die gleichen Grundsätze wie beim wörtlichen Zitieren.

4 Verwenden Sie das von Ihnen in Aufgabe 2 gewählte Zitat aus dem Text über Doping (Aufg. 1, S. 99) nicht wörtlich, sondern sinngemäß! Schreiben Sie diese Version auf!

Einen Sachbuchtext wiedergeben

1
Begegnung mit einem Sachbuch

Die Klasse 9 a arbeitet an einem Projekt zum Thema „Verfilmte Literatur". Martin, Sandra und Tanja haben den Auftrag bekommen, typische und immer wiederkehrende Figuren der Literatur- und Filmgeschichte vorzustellen. Martin interessiert sich für die Figur des Dracula. Bei seinen Nachforschungen stößt er auf das Sachbuch „Die letzten Rätsel dieser Welt". Zunächst fallen ihm die auf der Vorderseite des Buches stehenden Untertitel auf:

Im Klappentext werden die Untertitel erläutert:

Die spektakulärsten und geheimnisvollsten Phänomene sind hier dargestellt und durchleuchtet [...] Dieses Buch zeigt, wie sich die Forschung mit Millionenaufwand, wagemutigen Expeditionen und modernster Technik verblüffenden Antworten nähert. Und welche Geheimnisse das Universum nicht preisgibt, welche Rätsel in Geschichte, Kultur und Natur bis auf den heutigen Tag nicht aufgeklärt werden konnten [...]

a) Was sind *Mythen, Mysterien* und *Phänomene*? Versuchen Sie diese Begriffe zu erklären; schlagen Sie gegebenenfalls in einem Lexikon nach!

b) Können Sie auf der Grundlage der im Klappentext gegebenen Hinweise entscheiden, ob das Buch für Martins Zwecke zu gebrauchen ist?

c) Beurteilen Sie die sprachliche Gestaltung der Untertitel und des Klappentextes! Welche Absicht verfolgen Autor und Verlag wohl damit?

> **Sachbücher** werden gern und viel gelesen, weil in ihnen Wissensbereiche unterhaltsam, oft sogar spannend dargestellt werden. Sie sind Publikationen, die Fakten und Erkenntnisse aus den verschiedenen Wissenschaftsbereichen in allgemein verständlicher Form beschreiben. Doch Vorsicht: Sachbücher sind keine Fachbücher! Nicht selten kommt es vor, dass lückenhafte Informationen, Halbwahrheiten und fantasievolle Spekulationen an die Stelle von wissenschaftlich begründeten Aussagen treten.

2 Überfliegen Sie das Inhaltsverzeichnis des Sachbuchs, das Martin nutzen möchte! Meinen Sie, dass er in diesem Buch die Informationen findet, die er sucht?

a) Martin konzentriert sich auf die Seiten 16 und 17 des Buches (Aufg. 2). Fassen Sie so knapp wie möglich zusammen, worüber dieser Abschnitt informiert!
(Zur Arbeitstechnik „Einen Text zusammenfassen" können Sie auf Seite 102 ff. nachlesen.)
Werten Sie Ihre Ergebnisse anschließend gemeinsam aus!

3
einen Sachbuchtext lesen und analysieren

Dracula ist ein Fantasiegeschöpf

„Vampire erheben sich in der Nacht aus ihren Gräbern", schrieb 1733 der Gelehrte John Heinrich Zopft, „überfallen Menschen, die ruhig in ihren Betten schlafen, saugen ihnen alles Blut aus dem Körper und bringen sie um."
Es gibt nur eine Möglichkeit, einen gefangenen oder ausgegrabenen Vampir zur Strecke zu bringen: Man muss ihm einen Pfahl durchs Herz treiben. Der Vampir stößt dann einen grässlichen Schrei aus, das von sei-

nen Opfern ausgesaugte Blut spritzt aus ihm heraus. Die Leiche muss anschließend verbrannt werden.
Nach dieser Vorschrift richteten sich auch die Mitglieder einer serbischen Regierungskommission, die 1732 in einem Dorf nahe Belgrad Gerüchte über Vampire zu überprüfen hatte. Es wurden 13 Gräber von jüngst Verstorbenen geöffnet. Nur drei der exhumierten Leichen waren in Verwesung übergegangen. Die anderen hatten noch festes Fleisch und eine ro-

sige Gesichtsfarbe. Die Leichenöffnung ergab, dass sie frisches Blut in den Adern hatten. Die Kommission ließ die Untoten enthaupten und verbrennen.

Vorfälle dieser Art sprachen sich in ganz Europa herum und waren geeignet, den Vampirglauben zu festigen. Andere Umstände, die an das Wirken von Vampiren denken ließen, waren Berichte von Massenmorden, von Pest- und Choleraepidemien und über die Beerdigung von Scheintoten.

Vampire wurden zu einem bevorzugten Objekt vieler Dichter und Schriftsteller. 1847 erschien eine Serie von Romanen unter dem Titel „Varney der Vampir oder Das Fest des Blutes" von Thomas Prest. 50 Jahre danach schrieb der irische Autor Bram Stoker seinen Vampirroman „Dracula", der

Szene aus dem Film „Dracula" mit Gary Oldman und Winona Ryder, USA 1992

neue Maßstäbe auf dem Gebiet der Vampirforschung setzte. Graf Dracula war eine Fantasiegestalt, aufgebaut auf der Lebensgeschichte einer historischen Persönlichkeit: Vlad Basarab, um 1430 in der siebenbürgischen Stadt Schäßburg (Sighişoara) als Sohn Vlads II. von der Walachei geboren. Diesem Vlad II. hatte man wegen seiner Grausamkeit den Spitznamen Dracul (Teufel) angehängt und sein Sohn musste sich demzufolge Dracula (Sohn des Dracul) nennen lassen.

Dracula war Fürst der heute zu Rumänien gehörenden Walachei. Er galt nicht nur als tapferer Krieger, sondern auch als grausamer Mörder, der seine Opfer auf Pfähle spießen ließ und deshalb auch Vlad Tepeş „Vlad der Pfähler" genannt wurde. Bei den Exekutionen seiner Feinde sah er mit Vorliebe zu und beteiligte sich selbst daran. Es heißt, dass bei einer solchen Blutorgie mehr als 30 000 Menschen ihr Leben lassen mussten.

Draculas Reich musste sich schließlich dem Ansturm der Türken ergeben. Weil er sich weigerte, dem türkischen Sultan Tribut zu zahlen, kam es zu einer Schlacht, in der Dracula getötet wurde. Seinen Kopf brachte man als Siegeszeichen nach Konstantinopel.

Draculas Bluttaten legten den Gedanken nahe, ihn für einen Blut saugenden Vampir zu halten. Dafür gab es aber keine Hinweise.

Als blutversessene Frau ging hundert Jahre nach Dracula die siebenbürgische Gräfin Elisabeth Bathory in die Geschichte ein. Sie trank nicht nur Blut, sondern badete auch darin. Als der König eine Abteilung Soldaten schickte, um das Mordnest der Gräfin auszuheben, wurden in der Umgebung des gräflichen Schlosses mehr als 50 Leichen ausgegraben – die sterblichen Überreste junger Mädchen, denen die Gräfin das Blut für ihre Orgien abgezapft hatte.

Bram Stokers Draculabuch löste ein bis heute andauerndes Interesse an Vampiren aus. 1931 kam der erste Draculafilm auf den Markt. Zahllose weitere Filme folgten, zusammen mit Theaterstücken über Dracula dürften es mehr als 200 gewesen sein. Allein der britische Schauspieler Christopher Lee wirkte als Hauptdarsteller in neun Draculafilmen mit. Draculastreifen gab es nicht nur in den USA und Großbritannien, sondern auch in Frankreich, Spanien und Deutschland, sogar in Rumänien, der Türkei und Japan, in Hongkong und Süd-

Christopher Lee als Dracula, Großbritannien 1958

korea. Längst gibt es Filme wie „Dracula, Vater und Sohn", „Draculas Tochter" oder „Draculas Bräute".
Filmwissenschaftler wiesen nach, dass Dracula die ausdauerndste Horrorfigur aller Kinozeiten ist. Kein Wunder, Graf Dracula ist schließlich ein Untoter.

b) Wie ist der Text aufgebaut? Teilen Sie ihn in Sinnabschnitte ein! Geben Sie jeden Sinnabschnitt in kurzen Sätzen wieder!

c) Wie sind die einzelnen Abschnitte aufeinander bezogen / miteinander verbunden?

Die **Darstellungsweise in Sachbüchern** ist teils erzählend, teils beschreibend und erklärend. Oft werden die Leser mit einer Frage, einer Anekdote oder einer schockierenden Aussage in die Darstellung eingeführt. Die sprachliche Gestaltung ist umgangssprachlich gefärbt: Der Satzbau ist übersichtlich, Fachwörter werden weitestgehend vermieden, bildhafte Darstellung ersetzt oft begriffliche Genauigkeit.

a) Kehren Sie noch einmal zu dem Text über Dracula (Aufg. 3) zurück und untersuchen Sie die folgenden Fragen:
  – Wie wird der Text eingeleitet?
  – Wie beurteilen Sie den Satzbau?
  – Welche Attribute verwendet der Autor? Welche Absicht verfolgt er wohl damit?
    Beispiel:
    ... *einen grässlichen Schrei* ... → Leser schockieren und zugleich interessieren

4

b) Versuchen Sie mithilfe des Textes den Begriff *Vampir* zu erklären!

5

Im Rahmen des Projekts „Verfilmte Literatur" entsteht in der 9 a (Aufg. 1) eine Informationsmappe. Martin steuert diese Inhaltsangabe dazu bei:

In dem Sachbuch „Die letzten Rätsel dieser Welt" stellt der Autor Roland Gööck u. a. die Figur des Dracula vor. Unter der Überschrift „Dracula ist ein Fantasiegeschöpf" erzählt er nicht nur die Geschichte des Vampirglaubens, sondern er informiert den Leser auch über die Rolle dieser Gestalt in der Literatur und im Film. Der Autor erinnert an die 1847 erschienene Romanserie „Varney der Vampir oder Das Fest des Blutes" von Thomas Prest, der 50 Jahre später Bram Stokers Vampirroman „Dracula" folgt. Dieser hat – nach Auffassung Gööcks – „neue Maßstäbe auf dem Gebiet der Vampirforschung" gesetzt. Das Draculabuch sei außerdem der Auslöser für ein „bis heute andauerndes Interesse an Vampiren" gewesen.

Der erste Draculafilm kommt 1931 auf den Markt. Ihm seien dann noch „zahllose weitere Filme" gefolgt. Zusammen mit den Theaterstücken über Dracula schätzt der Autor die Zahl der dramatischen Umsetzungen des Draculastoffes auf „mehr als 200".

Neben den Vereinigten Staaten und Großbritannien haben auch Frankreich, Spanien, Deutschland, Rumänien, die Türkei, Japan, Hongkong und Südkorea „Draculastreifen" produziert.

Dracula erscheine somit als „die ausdauerndste Horrorfigur aller Kinozeiten".

a) Vergleichen Sie den Originaltext (Aufg. 3) mit Martins Inhaltsangabe!
   Auf welche Gedankenfolge beschränkt sich Martin? Was lässt er aus, was übernimmt er? Warum wohl?
b) Welche sprachlichen Besonderheiten weist Martins Inhaltsangabe auf?
   Mit welchem sprachlichen Mittel macht er deutlich, dass er die Meinung des Sachbuchautors wiedergibt? Nennen Sie Beispiele!
c) Könnte man die Inhaltsangabe noch knapper fassen? Versuchen Sie es einmal!

Mit einer **Inhaltsangabe** können Sie andere knapp und sachlich über den Inhalt eines Textes informieren.
Dabei sollten Sie sich auf das Wesentliche beschränken. Eine Inhaltsangabe
– enthält Titel, Autor sowie Thema des Textes,
– gibt den Inhalt in knapper Form mit eigenen Formulierungen wieder,
– kann auf Auffassungen des Autors mithilfe des Konjunktivs oder wörtlicher Zitate hinweisen,
– steht meist im Präsens.

Überprüfen Sie, ob Martins Inhaltsangabe den im Rahmen, S. 114, **6**
aufgeführten Anforderungen gerecht wird!

Martins Mitschüler interessieren sich besonders für die Herkunft der Draculafigur. Daraufhin erarbeitet er für einen Kurzvortrag auf der Grundlage des Textes von Aufgabe 3 folgende Strukturskizze:

7
die Gedankenfolge eines Textes grafisch abbilden

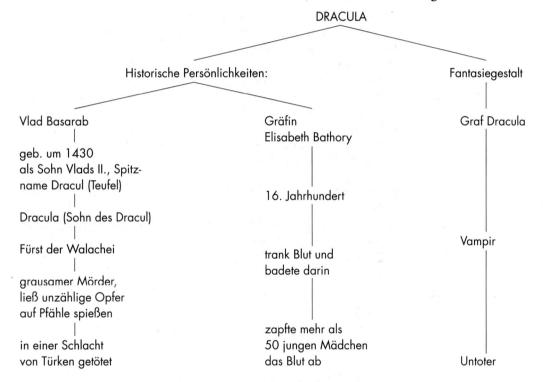

a) Vergleichen Sie Originaltext (Aufg. 3) und Strukturskizze miteinander! Gibt die Skizze die Gedankenfolge wieder, mit der die Herkunft der Draculafigur im Text dargestellt wird?
b) Geben Sie mithilfe der Skizze die Geschichte der Draculafigur wieder!
c) Ist eine solche optisch-schematische Textaufbereitung eine Hilfe für Sie?
Welche sprachlichen Schwierigkeiten bereitet die Nutzung derartiger grafischer Übersichten? Sprechen Sie über Ihre Erfahrungen!

8

a) Versuchen Sie eine Strukturskizze zu Martins Inhaltsangabe in Aufgabe 5 zu entwerfen!

b) Der Text der Aufgabe 3 enthält längst nicht alle Informationen, die es über die literarische und filmische Bearbeitung des Draculastoffes gibt.
Beschaffen Sie sich weitere Informationen und ergänzen Sie die Strukturskizze (Aufg. 7)!

c) Sprechen Sie über die Figur des Dracula in Literatur und Film! Nutzen Sie dabei Ihre Strukturskizze!

9

Die Große Mauer
bei Mutianyu in China

a) Informieren Sie sich in einem Sachbuch über ein Wissensgebiet Ihrer Wahl, z. B. über ~~Inhaltsangabe~~

   – versunkene Kulturen (das Grab des Tut-ench-Amun, die Städte der Inkas, Atlantis o. a.),
   – die Geschichte faszinierender Bauwerke und Monumente (Schloss Neuschwanstein, die Große Mauer in China, die Cheopspyramide o. a.),
   – Rätsel des Weltalls (mögliches Leben auf anderen Planeten, Theorien über die Entstehung des Weltalls, das Entstehen von Sternschnuppen o. a.)!

Fertigen Sie zu einem von Ihnen gewählten Sachbuchtext eine Inhaltsangabe an!
Überprüfen Sie, ob Sie dabei mit einer Strukturskizze arbeiten können!

b) Tragen Sie die Inhaltsangabe – möglicherweise mithilfe einer Strukturskizze – mündlich vor!

Die Texte in Sachbüchern werden oft durch Illustrationen veranschaulicht, so auch der folgende Text aus dem Sachbuch „Die letzten Rätsel dieser Welt".

Gibt es ein Perpetuum mobile?

Um die Antwort gleich vorwegzunehmen: Es wird niemals kommen. […]
Das Perpetuum mobile soll eine Maschine sein, die ohne Energiezufuhr von außen ständig Arbeit verrichtet. Eine solche Maschine, die sozusagen Leistung ohne Gegenwert liefert, Energie aus dem Nichts erzeugt, wäre die billigste Arbeitskraft, die man sich vorstellen könnte. Der Wunsch, eine Maschine dieser Art herzustellen, ist also verständlich.
Indessen widerspricht das Bemühen, Energie aus dem Nichts zu produzieren, wichtigen physikalischen Grundgesetzen, vor allem dem Energieprinzip. Das besagt, dass bei keinem Naturvorgang Energie verschwinden oder neu entstehen kann. Sie vermag nur, von dem einen Körper auf den anderen überzugehen, oder eine Energieart kann in eine andere übergeführt werden, z. B. Wärme in Elektrizität oder umgekehrt. […]
Es hilft also nichts, wenn man diese Gesetze nicht zur Kenntnis nimmt und sozusagen versucht, die Natur zu überlisten. Trotzdem werden immer neue Perpetua mobilia konstruiert […]

Um 1575 versuchte Jacopo de Strada sein Glück mit einer Wasserkraftmaschine. Aus einem oberen Kasten ließ er Wasser auf ein Schaufelrad fließen, das die Schleifsteine eines „Schwertfegers", einer Vorrichtung zum Schleifen von Schwertern, trieb. Das Wasser sammelte sich in einem unteren Kasten und sollte von einer archimedischen Schraube, die mit dem Getriebe verbunden war, zur erneuten Ausnutzung wieder nach oben gebracht werden. […]

Perpetuum mobile. Zeichnung von Jacopo de Strada, um 1580

a) Was ist ein *Perpetuum mobile*? Versuchen Sie eine Definition zu formulieren!
b) Beschreiben Sie den beabsichtigten Wirkungsmechanismus der Wasserkraftmaschine! Warum kann diese Maschine nicht funktionieren?
c) In welchem Verhältnis stehen Abbildung und Text zueinander? Hat Ihnen die Abbildung geholfen, den Text zu erfassen?
d) Versuchen Sie den Text so umzuschreiben, dass er auch ohne die Abbildung zu verstehen ist!

Ein Projekt:
Sich mit Medien auseinander setzen

1 Täglich erreichen jeden von uns über die Medien die unterschiedlichsten Informationen, den einen über die Presse, den anderen über Rundfunk oder Fernsehen. Oft fällt es schwer, sich in der Vielfalt dieser Informationen zurechtzufinden, das Gelesene, Gehörte oder Gesehene richtig zu verstehen.

das Thema eingrenzen

Die Klasse 9 c hat sich vorgenommen, ihre diesjährige Projektwoche dafür zu nutzen, verschiedene Medien zu untersuchen. Zu diesem Zweck haben sie die folgenden Themen zusammengestellt:

- Werbung in Print- und audiovisuellen Medien: Unterschiede und Gemeinsamkeiten
- „Frauenbilder" in Fernsehserien
- Jugendzeitschriften *für* uns oder *über* uns?
- Wichtigkeit – *wo* platzieren die verschiedenen Sender *welche* Meldungen?
- Darstellung von Minderheiten in ausgewählten Medien
- Was unsere Großeltern, Eltern und jüngeren Geschwister von Fernsehserien halten
- Wer hört heute noch Hörspiele – und warum?
- Kinder werden in Shows zu kleinen Affen gemacht, an denen sich Erwachsene erfreuen
- Wir setzen uns mit Beiträgen aus satirischen Zeitschriften auseinander

Wie schätzen Sie diese Themen ein? Welche halten Sie für wert, untersucht zu werden, welche nicht?
Wo würden Sie genauer oder klarer eingrenzend formulieren?

Angesichts der unüberschaubaren Vielfalt der verschiedenen Medien sollten Sie sich bei einem Projekt, das sich mit der Untersuchung von Medien befasst, auf nur e i n **Thema** und e i n e n **Untersuchungsansatz** (z. B. Sprache, Wirkung, Adressatenbild, Vergleich) konzentrieren. Das ist auch aus Gründen der zur Verfügung stehenden Zeit sinnvoll.

Verständigen Sie sich über ein Thema für ein Projekt zur Untersuchung von Medien in Ihrer Klasse/Gruppe!

2

Bedenken Sie dabei auch, dass das Ergebnis eines Projekts einen allgemeinen Nutzen haben sollte! Ihre Untersuchungsergebnisse könnten z. B. den Unterricht nachfolgender Klassen bereichern oder Sie könnten sie einer Zeitung / einem Sender als kritische Stellungnahme übergeben.
Welche anderen Möglichkeiten der praktischen Verwertung Ihrer Ergebnisse sehen Sie? Welche Rückschlüsse auf das Thema ergeben sich daraus?

Projektarbeit bedarf der **Planung**. Sie beginnt mit der Verständigung über das Vorhaben, über Themen und Arbeitsschritte. Während bei anderen Projekten in der Regel ein konkretes Ergebnis (z. B. eine Chronik über die Geschichte der Schule/Stadt/…) eingeplant ist, bleibt bei untersuchenden und analysierenden Projekten das Ergebnis zunächst offen; im Vordergrund steht die Untersuchung.

Entwerfen Sie einen Plan für Ihr Vorgehen bei der Verwirklichung Ihres Projekts! Orientieren Sie sich dabei kritisch an dem folgenden vorläufigen Arbeitsplan der 9 c:

3
Arbeitsschritte planen

Wer macht mit? Wer ist wofür geeignet (TV, Presse, Werbung)?
Klärung bis Beginn der ProWo am 12. Dezember!
Diskussion über mögliches Thema: Wichtig – muss viele interessieren:
• Probleme von Schülern in den Medien
• Lehrer-Schüler-Beziehungen
• Ausländer und Deutsche
• Was noch?
Montag: Festlegen der Themen und Untersuchungsansätze. Bilden von Projektgruppen. Genaue Teilaufträge. Problem: TV-Sendungen einbeziehen? Zeit!!!
Dienstag: Was müssen die Gruppen bis Donnerstag leisten? Gespräch über genaue Termine von 8.00 – 10.00 Uhr, dann ran!

Was fehlt in diesem „Plan"? Nach welchen Gesichtspunkten müsste ein solcher Plan entworfen werden?

4 Die Schülerinnen und Schüler der 9 c einigten sich auf das Thema „Darstellung von Minderheiten in ausgewählten Medien". Sie bildeten drei Arbeitsgruppen und entschieden sich, drei Teilthemen zu untersuchen:

Gruppe 1: Das Thema *Minderheiten* in Kommentaren verschiedener Tageszeitungen

Gruppe 2: Sendezeiten und Sendedauer im Fernsehen zum Thema *Minderheiten*

Gruppe 3: *Über* sie oder *mit* ihnen – Minderheiten artikulieren sich in den Medien

Prüfen Sie, ob die Teilthemen konkret genug formuliert sind!
Stellen Sie fest, ob die Formulierungen eine wertende Aussage erwarten lassen oder ob sie nur eine Bestandsaufnahme verlangen!
Was würden Sie anders formulieren? Begründen Sie Ihre Vorschläge!

5 a) Wie beurteilen Sie die beiden folgenden Themenformulierungen? Denken Sie dabei auch an eine spätere Präsentation der Untersuchungsergebnisse!

A: Du gehen links, verstehen, dann zweite Straße rechts, dann Bahnhof …
B: Ich danke Ihnen für die freundliche Auskunft, junger Mann.
Wie die Medien, wie wir mit Ausländern umgehen.

*

Analphabeten sind wir alle – mehr oder weniger.
Wir guckten genauer hin: Medien über Deutsche, die ihre Muttersprache nur hören und sprechen können – jeder 124. ist dabei!

b) Locker oder seriös? Spielen Sie mit Möglichkeiten – verändern Sie z. B. sachlich formulierte Themen (Aufg. 4) so, dass sie Anreiz geben, sich damit zu beschäftigen, und Neugier wecken!

c) Untergliedern Sie – ähnlich wie in Aufgabe 4 – das von Ihnen gewählte Thema in Teilthemen! Wählen Sie Formulierungen, die erkennen lassen, dass Ihre Meinung als Wertung in die Analyse eingehen soll!

Bei ihren Untersuchungen der Sprache von Kommentaren verschiedener Zeitungen zum Thema „Darstellung von Minderheiten in ausgewählten Medien" fanden die Schülerinnen und Schüler der Gruppe 1 (Aufg. 4) folgende Wörter und Wendungen:

Asylantenproblem – Naziverbrechen – Ausländer abschieben ist immer noch besser als Folter – Vergehen deutscher Faschisten – linke Rowdys – grüne Faselei – Aids-Krüppel – Humanitätsduselei – Ozonlochpanik – besser als gerührt sein ist sich rühren

a) Was sagen Ihnen solche Formulierungen über die Moral und den politischen Standort des jeweiligen Schreibers? Welche Absicht mag hinter den einzelnen Formulierungen stecken? An was für Leser mögen sie gerichtet sein?

b) Suchen Sie ähnlich enthüllende Formulierungen aus Presseerzeugnissen unterschiedlichster Art heraus!
Diskutieren Sie über mögliche Wirkungen und Nebenwirkungen dieser Formulierungen!

6
geeignete Methoden der Analyse anwenden:

– Sprache untersuchen

7 Die Gruppe 1 der 9 c (Aufg. 4) ging bei ihren Untersuchungen nach folgenden Fragen vor:

1. Welche Minderheiten kommen häufig in den Medien vor, welche nur selten oder gar nicht?
2. Wie viele Beiträge beschäftigen sich ausschließlich mit Minderheiten, wie viele nur teilweise, in wie vielen wird dieses Thema nur am Rande berührt?
3. Wo sind diese Beiträge innerhalb der Zeitungen platziert? In welcher Umgebung?
4. Werden Minderheiten vor allem positiv, vor allem negativ oder differenziert gesehen?
5. Welche Leseerwartungen werden jeweils bedient? Wie könnte der Leser aussehen, den man erreichen will?
6. Gibt es auffallende Übereinstimmungen oder deutliche Unterschiede zwischen den untersuchten Zeitungen und den in ihnen veröffentlichten Texten?

a) Prüfen Sie, welche dieser Fragen Sie für Ihre Untersuchungen übernehmen können! Wo würden/müssten Sie verändern?
Was müssten Sie z. B. beachten, wenn Sie Fernsehsendungen vergleichend untersuchen wollen?
b) Versuchen Sie eine Tabelle anzulegen, in der Sie die wichtigsten Ergebnisse Ihrer Untersuchung abrufbar und übersichtlich erfassen!

8 Schülerinnen und Schüler der Gruppe 3 in Aufgabe 4 (*Über* sie oder *mit* ihnen – Minderheiten äußern sich in den Medien) befragten Vertreter von Minderheiten. Sie besuchten eine Versammlung des Behindertenverbands und gingen in ein Wohnheim, in dem deutsche Aussiedler aus Kasachstan leben.
Sie stellten u. a. folgende Fragen:
– Fühlen Sie sich in Presse und Fernsehen genügend beachtet?
– Würden Sie sich vor laufender Kamera in eigener Sache äußern?
a) Wonach würden Sie fragen? Gehen Sie von Ihrem Untersuchungsansatz aus und stellen Sie eine Liste möglicher Fragen zusammen! Überlegen Sie auch, wie Sie Ihre Befragung eröffnen können! Ihre Gesprächspartner sollen sich nicht verletzt fühlen!
b) Um den dokumentarischen Charakter der Befragung zu unterstreichen, können Sie z. B. Fotos und biografische Angaben in eine spätere Präsentation aufnehmen – vorausgesetzt, Ihre Interviewpartner sind damit einverstanden.
Überlegen Sie, welche anderen Möglichkeiten es gibt!

9 Wenn Sie vorhaben, das Medium Fernsehen unter die Lupe zu nehmen, so können Untersuchungen der Programmstruktur, z. B. zur Platzierung einzelner Sendungen im Programm, aufschlussreich sein.

122

20.15 Uhr	Heute hau'n wir auf die Pauke – Frohsinn aus deutschen Landen mit den Stars der Volksmusik
21.30 Uhr	Europäische Paradiese – Impressionen aus Schweden
22.10 Uhr	Von fliegenden Edelsteinen – Eisvögel und Kolibris
23.00 Uhr	Landschaft nach der Braunkohle Anschließend Gespräch mit dem Umweltminister

a) Wie bewerten Sie dieses Abendprogramm eines regionalen Fernsehsenders?

b) Stellen Sie anhand von Programmübersichten verschiedener Sender Vergleiche an: Wann tauchen z. B. Unterhaltungssendungen auf, wann politische Sendungen, wann Theaterinszenierungen – im Nachmittags-, Vorabend-, Abend- oder Nachtprogramm? Worüber geben solche Untersuchungen Auskunft?

c) Vergleichen Sie die Nachrichtensendungen der öffentlich-rechtlichen Fernsehsender mit denen von Privatsendern, z. B. unter folgenden Gesichtspunkten:
   – Womit wird eröffnet?
   – Wann werden statische, wann bewegte Bilder eingesetzt?
   – Wie schätzen Sie das Verhältnis von Sendezeit und Informationswert ein?

Eine Analyse von Medien untersucht einen kommunikativen Prozess: Ein Sender gibt eine Mitteilung weiter. Wir empfangen die Botschaft und setzen uns mit ihr auseinander. Wir bejahen, lehnen ab, langweilen uns, reagieren erregt, d. h., die Botschaft wirkt. Jedes Projekt, das sich mit der Untersuchung von Medien befasst, sollte daher stets die Aspekte *Sender, Mitteilung* und *Wirkung* zum Untersuchungsgegenstand haben.

10

Prüfen Sie, ob das Verhältnis von Sender-, Mitteilungs- und Wirkungsanalyse in den in diesem Abschnitt vorgestellten Aufträgen ausgewogen ist!
Stellen Sie Missverhältnisse fest? Wenn ja, bringen Sie Vorschläge ein, um das Verhältnis ausgewogen zu gestalten!

Mit der **Präsentation** Ihrer Arbeitsergebnisse
– weisen Sie Ihre erfolgreiche Tätigkeit nach,
– stellen Sie Ihre Ergebnisse nicht nur vor, sondern Sie stellen sie auch zur Diskussion,
– vermitteln Sie die in der Projektarbeit erworbenen Erkenntnisse an andere.

11 Die Schülerinnen und Schüler der 9 c diskutierten darüber, wie sie die Ergebnisse ihrer Projektarbeit am besten präsentieren können. Der Vorschlag, sie in einer Broschüre vorzustellen, wurde verworfen. Sie entschieden sich schließlich für eine Verbindung von Ausstellung und kurzen Vorträgen.

a) Unter welchen Bedingungen sollte man sich doch für eine Broschüre entscheiden?

Welche anderen Formen einer Präsentation sind möglich? Welche würden Sie wählen? Warum?

b) Sicher werden Ihnen die Zeichnungen auf den Seiten 120, 121 und 124 aufgefallen sein. Sie stammen von Johannes Graf und befassen sich in satirischer Weise mit dem Medium Fernsehen.

Setzen Sie sich mit diesen Zeichnungen auseinander! Vielleicht geben sie Ihnen auch Anregungen für Ihre Präsentation.

c) Die 9 c lud zur Präsentation ihrer Ergebnisse nicht nur Mitschüler, Lehrer, Eltern, Vertreter des Schulamts und einen Journalisten der Regionalzeitung ein, sondern auch Mitglieder des Behindertenverbands und Bewohner des Aussiedlerheims.

Achten Sie bei Ihren Einladungen unbedingt darauf, dass Sie all jene ansprechen, die Ihr Projekt als Interviewpartner oder auch als Sponsoren unterstützt haben!

Überlegen Sie, auf welche Weise etwa befragte Personen oder Journalisten in die Präsentation einbezogen werden können!

Wenn möglich, arbeiten Sie schon während des Projekts mit Medienvertretern zusammen und „verlagern" Sie die Präsentation Ihrer Ergebnisse dann auf eine Sonderseite Ihrer Lokalzeitung! Oder Sie verhandeln mit einem lokalen Fernsehsender darüber, ob der Ihnen ein „Fenster" im Programm für Ihre Präsentation zur Verfügung stellt.

Reflexion über Sprache

Systematisieren von Wissen über Sprache und Kommunikation

„Wie viel Grammatik braucht der Mensch?"

Das Sprachgefühl ist wie ein Polizist, der unauffällig und unbeachtet am Rand der Straße steht, den Verkehr verfolgt und nur gelegentlich einschreitet, wenn eine Störung einzutreten droht oder eingetreten ist.

1

Wie verstehen Sie diese Aussage? Tauschen Sie sich darüber aus!

Ihr Sprachgefühl signalisiert Ihnen sicherlich in den meisten Fällen, dass in den Äußerungen unter (1) bis (5) etwas sprachlich nicht korrekt ist.

2
das Sprachgefühl kontrollieren

Benennen Sie die fehlerhaften Stellen und korrigieren Sie sie!

(1) – Nachdem er sich vorstellte, fragte er, was wir zuletzt behandelt ~~hätten~~ haben.
   – Entwerfe einen Text zu diesem Thema!
   – Er hing seine Jacke über den Stuhl.
   – Wir handelten entsprechend seines Vorschlags.
   – Sie trug ein rosanes Kleid.

(2) – Unser Nachbar, als er davon hörte, war ganz empört.
   – Wir hatten eigentlich erwartet, dass er kommt schon gegen Mittag.
   – Weil es ist so gesund, isst er jeden Tag Gemüse.
   – Im vergangenen Jahr hatte er an der Ostsee sich erholt.

(3) – Wer und warum kam herein?
   – Suche Wohnung für größere Familie, die frisch instand gesetzt ist.
   – Ein junges Mädchen tanzte mit einem T-Shirt.
   – Er fuhr in die Berge, um dort schwer zu erkranken.

(4) – Zum Aussichtsfelsen führte eine steinige Treppe.
   – Er zog gegen die Wurzeln dieses Übels zu Felde.
   – Fachärztin für Kiefernorthopädie sucht neuen Wirkungskreis.
   – Annett ist in der letzten Zeit unausgeglichen, sie hat einen seligen Konflikt.

(5) – Am Wochenende fanden wieder viele Unfälle statt.
   – Aufmerksam beobachtete er die Bilder in der Gemäldegalerie.
   – Robert Koch hat den Tuberkelbazillus erfunden.

**über Grammatik
nachdenken –
Texte verstehen**

3   a) In den folgenden Beispielen werden bewusst grammatische Normen
verletzt. Welche? Erläutern Sie die Beweggründe für diese „Verstöße"!

Großer Lärm in der Pause, ~~einer pfeift~~ *Ich pfief* ganz laut. Herr Müller, verärgert über
diesen Krach und auch ein wenig gereizt, kommt ins Klassenzimmer und
fragt:
„Wer pfeifte denn gerade?" – „Ich ~~pfoff~~ *pief*, Herr Müller."

*

Sie hat sich das in den Kopf gesetzt: Sie ~~will~~ *möchte* ein Motorrad mit einem Freund. *kauft*

*

ist es nur, wenn man kein Brot hat.
Brot ist nicht hart – hart ist nur, wenn man kein Brot hat. *Schlimm*

b) In diesen Zeitungsüberschriften wird unfreiwillig gegen sprachliche
Normen verstoßen. Formulieren Sie so, dass keine Missverständnisse auftreten können!

Untersuchung ergab, dass Obdachlose
immer jünger und weiblicher werden

Für morgen vorgesehenes Gespräch
der Verantwortlichen soll Abwasser klären

Mofa-Fahrer stark angenüchtert

c) In Werbetexten wird häufig mit Sprache gespielt, um die Aufmerksamkeit der Leser zu erregen. Versuchen Sie das an den folgenden
Beispielen nachzuweisen!

d) Sammeln Sie ähnliche Beispiele wie in den Aufgaben a) bis c)! Stellen Sie sie in der Klasse vor und tauschen Sie sich darüber aus!

126

a) Kennen Sie die Regeln dafür, wann das Perfekt eines deutschen Verbs mit *haben*, wann mit *sein* gebraucht wird? Sicherlich nicht, und diese Regeln sind auch nur ein Thema für Sprachwissenschaftler, Fremdsprachenlehrer und solche, die Deutsch als Fremdsprache lernen.

Versuchen Sie zu erläutern, warum das so ist!

Was k ö n n e n Sie in Ihrer Muttersprache z. B. noch, ohne dass sie es genau k e n n e n?

b) Fragen Sie jemanden, der Deutsch nicht als Muttersprache spricht, welche Probleme er mit der deutschen Sprache hat!

4
sich mit grammatischen Problemen auseinander setzen

Lassen Sie sich von Ihrer Deutschlehrerin / Ihrem Deutschlehrer über die für die Klassen 9 und 10 zur Behandlung vorgesehenen grammatischen Stoffe informieren!

Welche weiteren Themen schlagen Sie vor; was möchten Sie über Sprache erfahren?

5

Wiederholen Sie, was Sie über die Bildung und den Gebrauch des Konjunktivs I und II in den vergangenen Schuljahren gelernt haben! Lesen Sie dazu z. B. in der „Kurzen deutschen Grammatik"[1] auf den Seiten 73 ff. nach! Informieren Sie Ihre Mitschülerinnen und Mitschüler in einem Kurzvortrag darüber!

6
über Formen und Funktionen der Modi (Aussageweisen) nachdenken: Indikativ Konjunktiv I
7 Konjunktiv II Imperativ

In der indirekten Rede wird meist der Konjunktiv I verwendet. Verändern Sie die folgenden Sätze, indem Sie die direkte in indirekte Rede umwandeln! Worauf müssen Sie dabei achten?

(1) Er versprach: „Du kannst dich auf mich verlassen."
(2) „Wir sind bald am Ziel angelangt", verkündete der Wanderleiter.
(3) „Kommst du mit?", wollte sie von mir wissen.

Um welche Aussageweisen handelt es sich im Folgenden? In welchen Situationen würden Sie so formulieren?

8

(1) Sie hat uns gesagt, dass sie mitgeht.
(2) Sie hat uns gesagt, dass sie mitgehe (sie gehe mit).
(3) Sie hat uns gesagt, dass sie mitginge (mitgehen würde).

Untersuchen Sie Beiträge aus Zeitungen, in denen Äußerungen anderer wiedergegeben werden! Welche grammatischen Formen werden verwendet? Wertet der Autor die wiedergegebenen Aussagen? Wenn ja, wie?

9

---

[1] Kurze deutsche Grammatik. Berlin: Volk und Wissen Verlag, 1993

In einer Diskussion um das Für und Wider des Baus einer Autobahn werden unterschiedliche Ansichten vertreten.

a) Lesen Sie die Äußerungen und suchen Sie eine heraus, der Sie zustimmen möchten!
Geben Sie diese Aussage zunächst wieder und formulieren Sie mit Bezug darauf Ihre bekräftigende Meinung!

A: Ich bin ganz entschieden gegen diesen Bau. Ganz gleich, für welche Trassenführung man sich entscheidet – immer werden schwere Eingriffe in die Natur vorgenommen; es werden viele Biotope zerstört.

B: Der Autobahnbau verbessert die wirtschaftlichen Bedingungen in unserer Region. Aus der dann günstigeren Verkehrsanbindung erwachsen für einige unserer Unternehmen Standortvorteile.

C: Die Autobahn wird eine große Entlastung des innerstädtischen Verkehrs in mehreren Städten des Landes mit sich bringen. Der tägliche Stop-and-go-Verkehr wird dann ein Ende haben.

D: Für manche scheint die Sorge um die Natur viel größer zu sein als die um das Wohl der Menschen. Für mich sind Arbeitsplätze wichtiger als der Schutz einer seltenen Vogelart.

b) Suchen Sie nun eine Aussage heraus, die Sie ablehnen! Geben Sie sie wieder und setzen Sie Ihre einschränkende oder ablehnende Auffassung dagegen!

c) Untersuchen Sie die Aussageweisen (Modi) in Ihren Beiträgen a) und b)! Welche Formen haben Sie verwendet? Mit welcher Absicht? Stellen Sie die Ergebnisse Ihrer Überlegungen in der Klasse zur Diskussion!

Manche Formen des Konjunktivs II wirken gehoben, z. B. *schöbe,* **11**
trüge, böte. Das bedeutet aber nicht, dass der Konjunktiv II nicht mehr
üblich ist. Er wird z. B. als „Gedankenexperiment" verwendet, mit ihm
können Wünsche ausgedrückt werden und er ermöglicht eine „vor-
sichtige Redeweise".
Versuchen Sie die Funktion des Konjunktivs II in den folgenden Beispielen zu bestimmen!
(Schauen Sie sich in diesem Zusammenhang auch noch einmal Aufg.
13, S. 64, im Abschnitt „Einen Eindruck wiedergeben – Schildern"
an!)

Der Rauch   Bedingungsformen

Das kleine Haus   Ich sage
unter Bäumen am See.   Ich würde sagen
Vom Dach steigt Rauch.   Ich hätte gesagt
Fehlte er   Aber man hat Frau und Kinder
Wie trostlos dann wären   Jürgen Henningsen
Haus, Bäume und See.
       Bertolt Brecht

Wenn man doch helfen könnte!
Wäre sie doch noch geblieben!

„Hast du einen Rat?" – „Ich dächte schon."
Könnten Sie mir sagen, ob …?

Auch der Imperativ gehört zu den Aussageweisen des Verbs. Er ist eine **12**
sehr direkte Form zum Ausdruck von Aufforderungen.
a) Bilden Sie zu den folgenden Verben den Imperativ Singular und verwenden Sie ihn in kurzen Sätzen!

   werfen, nehmen, essen
   geben, vergessen, helfen
   sehen, werben, sprechen

b) Die folgenden Verben bilden jeweils zwei Formen des Imperativs
   Singular. Welche beiden Möglichkeiten sind das? Wann wird welche der beiden Formen bevorzugt?

   trinken, waschen, gehen, laufen
   legen, reden, machen, kochen, setzen, holen
   handeln, sammeln, fördern, klettern, feiern

c) Für Experten:
   Wie heißt der Imperativ Singular zu „jemanden (nicht) erschrecken", wie zu „selbst (nicht) erschrecken"?

13

Aufforderungen können – je nach Situation – sprachlich sehr unterschiedlich formuliert werden.
Beschreiben Sie die folgenden Formen! Welche sind Imperative?

Gib mir das Salz!	Ich brauche noch Salz.
Gib mir bitte das Salz!	Ich denke, am Essen fehlt noch Salz.
Gibst du mir bitte das Salz?	Das Essen ist aber nur wenig gesalzen.
Würdest/Kannst du mir bitte das Salz geben?	
Ich möchte bitte das Salz.	Ist das Essen denn überhaupt nicht gesalzen?

14

über die Grammatik des Satzes nachdenken

a) Im Folgenden werden Aussagen wiedergegeben, die in Befragungen zum Thema „Grammatik und Grammatikunterricht" gemacht wurden. Tauschen Sie sich darüber aus!

(1) In Interviews wurden Personen verschiedenen Alters und mit unterschiedlichen Berufen nach der Bedeutung der Grammatik und des Grammatikunterrichts gefragt. (2) Dabei erhielt der Grammatikunterricht schlechte Noten. (3) Er sei langweilig, trocken und formal. (4) Die meisten der Befragten halten die Grammatik aber für etwas Wichtiges, weil sie die Richtigkeit sprachlicher Äußerungen sichern hilft. (5) Eine solche Einschätzung bestimmt schon seit langem das Bild, das viele von Grammatik und Grammatikunterricht haben. (6) Aufschlussreich ist auch, dass in der Schule vermitteltes grammatisches Wissen später „verloren geht".

b) Bestimmen Sie die Satzglieder in den einzelnen Sätzen nach Inhalt und Form!
Die Glied(teil)sätze in den Sätzen (4) bis (6) sind Satzglieder/Satzgliedteile übergeordneter Sätze; Sie können auch die Satzglieder in den Glied(teil)sätzen bestimmen.

15

a) Präpositionalobjekt oder Adverbialbestimmung?

(1) – <u>Auf Horst</u> kann man sich verlassen.
– <u>Auf dem Brocken</u> befindet sich eine meteorologische Station.
(2) – Sie sehen einander <u>zum Verwechseln</u> ähnlich.
– Wir benutzen die Bürste <u>zum Tapezieren</u>.

b) In den folgenden Sätzen handelt es sich immer um „Zeitliches", aber nur in einem Fall um eine Temporalbestimmung. Welche syntaktischen Funktionen haben die unterstrichenen Glieder?

(1) Die Veranstaltung <u>morgen Abend</u> fällt leider aus.
(2) <u>Der nächste Monat</u> bringt die Entscheidung.
(3) Dies ist <u>die Stunde der Wahrheit</u>.
(4) <u>Als wir anlangten</u>, war es schon <u>ziemlich spät</u>.
(5) Wir hatten <u>wenig Zeit</u> zur Verfügung.

c) sich erinnern, sich freuen, sich schämen, spotten

Diese Verben regieren Genitivobjekte. Da entsprechende sprachliche Äußerungen jedoch gehoben wirken, ersetzt man den Genitiv häufig durch Präpositionalobjekte, z. B.

sich <u>ihrer</u> erinnern → sich <u>an sie</u> erinnern,
sich <u>der Begegnung</u> erinnern → sich <u>an die Begegnung</u> erinnern.

Verwenden Sie auch die anderen Verben in ähnlicher Weise!

Wortarten – ihre Formen und Funktionen

Informieren Sie sich wiederholend über Möglichkeiten der Einteilung der Wortarten und erläutern Sie diese!

**16
Wortarten einteilen
und bestimmen**

In Schulgrammatiken werden meist zehn Wortarten unterschieden: Verb, Substantiv, Artikel, Adjektiv, Pronomen, Adverb, Numerale, Präposition, Konjunktion, Interjektion.

17

a) Wissen Sie, was die lateinischen Bezeichnungen bedeuten? Vergleichen Sie sie mit den deutschen Bezeichnungen und erörtern Sie das Für und Wider von deren Verwendung!
b) Die Festlegung einer Wortart *Numerale* wird von Sprachforschern kritisiert. Können Sie sich denken, warum?

Stellen Sie fest, welche Wortart jeweils gemeint ist!

18

(1) Ihre finite Form nimmt im Aussagesatz immer die zweite Satzgliedstelle ein; im eingeleiteten Nebensatz steht sie am Ende.
(2) Sie stehen vor oder für Nomen; sie gehören zu den Stellvertretern und Begleitern des Nomens/Substantivs.
(3) Sie können zwischen Artikel und Substantiv stehen und werden dann wie das Substantiv/Nomen dekliniert.
(4) Sie sind nicht satzgliedwertig, aber Teil von Satzgliedern; sie regieren bestimmte Kasus.
(5) Sie sind nicht satzgliedwertig und auch nicht Teil eines Satzglieds.
(6) Sie sind satzgliedwertig und gehören zu den Unveränderbaren.

a) Der folgende Text entspricht nicht den grammatischen Normen. Es fehlen bestimmte Wörter. Können Sie ihn trotzdem verstehen?

19

Im hundertjährigen Kalender informieren, wie das Wetter wird?

Es gibt Leute, die an die Auskünfte dieses Kalenders schwören und ihre Reise an den Urlaub ... seinen An-nach

gaben planen. Bei gelegentlicher Übereinstimmung des Wetters ... diesen Voraussagen ist eine solch lang-

Wenn die Blätter schnell abfallen, folgt ein strenger Winter.

Bauernweisheit

fristige, genaue Wettervorhersage nicht möglich.

Wie kam es zu diesem Kalenderwerk?

Erstmals wurde es von dem Erfurter Arzt und Apotheker Hellwig herausgegeben. Dieser stützte sich auf Wetterbeobachtungen, die Mauritius Knauer, der Abt des Klosters Langheim, von 1652 bis 1658 durchgeführt hatte. In sieben Jahren beendete der Abt seine Beobachtungen, weil er meinte, die nächsten sieben Jahre würden sich ebenso gestalten.

Der geschäftstüchtige Hellwig fand diese Aufzeichnungen per durch Zufall, bauschte sie gehörig auf und verwandelte das Ganze zu Wettervorhersagen in die Zeit von 1701 bis 1801. „Sachverständige" sprachen sich für seine Prognosen aus. Die Nachfrage nach diesem hundertjährigen Kalender war enorm, das Geschäft florierte.

Einer ernsthaften wissenschaftlichen Prüfung hält das Werk freilich nicht stand und auch die Daten der Meteorologen bestätigen es nicht.

Aber eines bewirkte der Kalender doch: Dem Beispiel des Abtes folgend, werden seit dem 18. Jahrhundert regelmäßige Wetteraufzeichnungen gemacht.

b) Um welche Wortart handelt es sich bei den im Text fehlenden Wörtern?

c) Setzen Sie die fehlenden Wörter ein (Überdeckfolie) und lesen Sie den Text laut vor!

d) Tilgen Sie nun einmal eine andere Wortart in dem Text! Welche Veränderungen beobachten Sie?

e) Versuchen Sie kurze Texte zu verfassen, in denen Sie Wörter einer bestimmten Wortart nicht verwenden! Die Texte sollen grammatisch weitgehend korrekt sein und das inhaltliche Anliegen verständlich vermitteln.

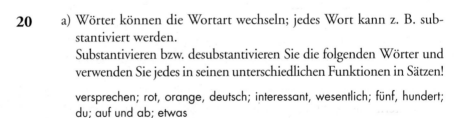

20 a) Wörter können die Wortart wechseln; jedes Wort kann z. B. substantiviert werden.

Substantivieren bzw. desubstantivieren Sie die folgenden Wörter und verwenden Sie jedes in seinen unterschiedlichen Funktionen in Sätzen!

versprechen; rot, orange, deutsch; interessant, wesentlich; fünf, hundert; du; auf und ab; etwas
(das) Mittel, (der) Trotz, (die) Angst, (die) Schuld

b) Bei den folgenden Wörtern handelt es sich um gleich lautende Wörter, die unterschiedlichen Wortarten angehören.

Verwenden Sie die Wörter in ihren unterschiedlichen Funktionen in Sätzen! Nennen Sie die jeweilige Wortart!

das – das – das
während – während
als – als
um – um

Der **Bestand des deutschen Wortschatzes** wird zwischen 300.000 und 500.000 Wörtern angesetzt. Die Verben machen davon etwa 20 % aus, die Substantive 50 % und die Adverbien etwa 7 %; die Zahl der Präpositionen und Konjunktionen beläuft sich auf etwa 200, die der Pronomen auf weniger als 100.
Etwa jedes fünfte Wort unserer Sprache ist ein **Adjektiv**. Während der Anteil der einfachen Adjektive wie *gut, süß, neu* ziemlich gering ist (etwa 240 Wörter), sind Zusammensetzungen und Ableitungen mit Adjektiven zahlreich; hier ist unsere Sprache sehr produktiv.

Zu den Adjektiven zählen Wörter, die als Attribut vor einem Substantiv stehen können, z. B. *das erfolgreiche Spiel*. Meist werden die Adjektive dann dekliniert. Viele Adjektive können außerdem gesteigert werden.

21

a) Welche der folgenden Wörter weisen alle diese Merkmale auf?

breit, prima, zu, geöffnet, übersichtlich, besonnen, grün, schwarz, heute, noch, prächtig, trotzdem, oft, super, entzwei, drei, diese, gestürzt

b) Welche dieser Wörter werden zwar nicht allen drei Eigenschaften gerecht, sind aber dennoch Adjektive, weil sie das erste Merkmal aufweisen?
c) Welche der Wörter gehören nicht zu den Adjektiven?

a) Stellen Sie Suffixe zusammen, mit deren Hilfe Adjektive gebildet werden! Welche davon sind Ihrer Meinung nach sehr produktiv, mit welchen werden heute kaum noch Adjektive gebildet?
b) Notieren Sie Adjektive mit den Präfixen *ur-* und *miss-* !
Welche unterschiedlichen Bedeutungsgruppen können Sie bilden?
c) Informieren Sie sich in einer Modezeitung bzw. in Prospekten für Fahrzeuge über dort vorkommende zusammengesetzte Adjektive! Erkennen Sie bestimmte Bildungen, die häufig gebraucht werden?

22
die Wortbildung von Adjektiven analysieren

a) *schwarz – schwärzer – am schwärzesten ?*
Erläutern Sie, warum folgende Adjektivgruppen nicht gesteigert werden! Fügen Sie jeweils einige Beispiele hinzu!

optimal, zentral, absolut   grün, schwarz, weiß
hölzern, schriftlich, nackt   liegend, stehend, laufend

b) Manchmal kann auch bei einzelnen der unter a) aufgeführten Adjektive eine Steigerung sinnvoll sein, z. B. *der schwärzeste Tag in seinem Leben*. Geben Sie weitere Beispiele!
c) Wer ist älter: *eine alte Frau* oder *eine ältere Frau*, *ein junger Mann* oder *ein jüngerer Mann* ?
Kommentieren Sie diese „Steigerungen"!

23
Superlative untersuchen

24 Werbetexte preisen das jeweilige Produkt in der Regel als das beste unter mehreren an, d. h., sie stellen dessen Eigenschaften superlativisch dar.

a) Untersuchen Sie die folgenden Textausschnitte und stellen Sie fest, welche Formen superlativischer Ausdrucksweise auftreten!

– Wenn Sie sich je gefragt haben: Welche ist für mich die schnellste, leichteste, gründlichste und obendrein preiswerteste Methode, zu Hause Sprachen zu lernen, …
– Eine einmalige Gelegenheit zum totalen Knüller-Preis! Wir bieten traumhafte Angebote für jedermann.
– Aufregend freche Sexy- und Diskomode in Glanzlack und hautengem Lycra, rassig und extravagant, in zwei brandneuen Farbkatalogen für nur 20 Mark.

b) Sammeln Sie selbst Werbetexte und untersuchen Sie deren „Superlative"!
Stellen Sie Ihre Ergebnisse zur Diskussion!
c) Fragen Sie Ihre ausländischen Mitschülerinnen und Mitschüler, wie in deren Muttersprache der Superlativ von Adjektiven gebildet wird und welche anderen superlativischen Ausdrucksweisen zur Verfügung stehen!
d) Wie wird der Superlativ in der Fremdsprache gebildet, die Sie lernen?

Rechtschreibung und Zeichensetzung

1
über Rechtschreibung und Rechtschreiben nachdenken

Eine Anekdote:

Ein Husarenleutnant, der sich durch große militärische Begabung ausgezeichnet hatte, sollte befördert und in ein anderes Regiment versetzt werden. Sein Oberst hatte die Aufgabe, eine Beurteilung für ihn abzufassen. Nach der Versetzung wunderte sich der Leutnant, dass die Beförderung ausblieb und man ihm im neuen Regiment stets die schwierigsten und unangenehmsten Aufgaben zuschob. Nachdem dies einige Jahre so gegangen war, wagte er es, sich bei seinem Kommandeur zu beschweren und sich nach dem Grund seiner ständigen Zurücksetzung zu erkundigen.

„Was wundern Sie sich, Herr von Z.!", sagte der Oberst barsch und warf die Personalakte des Leutnants auf den Tisch. „Lesen Sie doch selbst, was Oberst von A. über Sie geschrieben hat!"
Der Leutnant klemmte sich die Gläser auf die Nase, zog die Papiere zu sich heran und stellte mit Erstaunen fest, was ihm sein alter, von seiner Fähigkeit so sehr überzeugter Oberst ins Zeugnis geschrieben hatte: „Herr Leutnant von Z. ist ein ser feiger Ofeszier."
Zunächst erschrak er und fühlte sich in seiner Ehre zutiefst gekränkt. Dann erst begriff er, dass […]

a) Vervollständigen Sie den letzten Satz, sodass die Pointe der Anekdote noch deutlicher wird!
b) Kennen Sie andere Beispiele für Missverständnisse, die aus Recht-
schreibfehlern entstehen können?

Schülerinnen und Schüler äußern sich in einer Diskussion wie folgt
über die Rechtschreibung (Orthographie): **2**

Jana:
Die Rechtschreibung ist nicht so wichtig. Hauptsache, man kann verstehen,
was gemeint ist. Darauf kommt es an. Und im Übrigen: Der Computer kann
die Rechtschreibung ja korrigieren.

Dirk:
Unsere Rechtschreibung ist so schwierig, dass sie keiner beherrschen kann.
Wenn man ihre Regeln lernen will, muss man sich vorher das Denken abge-
wöhnen, z. B. die Schreibung nach kurzem Vokal:
fallen: doppelter Konsonant nach kurzem Vokal,
falten: 1. Ausnahme: keine Verdoppelung, weil nach kurzem Vokal zwei
Konsonanten folgen,
er fällt: 2. Ausnahme: Verdoppelung, obwohl nach kurzem Vokal mehrere
Konsonanten folgen.

Silke:
Es gibt zwar einige schwierigere Rechtschreibregeln, aber insgesamt ist die
Orthographie „ordentlicher" als ihr Ruf. Man muss diese Ordnungen im Satz
und im Wort nur einigermaßen gut kennen. Die Schreibung nach kurzem Vokal z. B. ist klar geregelt.

a) Diskutieren Sie über diese Ansichten! Vielleicht holen Sie auch die
Meinungen anderer ein. Wen könnten Sie befragen?
b) Wie denken Sie selbst über die Orthographie? Halten Sie eine streng
geregelte Rechtschreibung für erforderlich? Warum (nicht)?

Ab 1. August 1998 gilt eine veränderte deutsche Rechtschreibung. Das
hauptsächliche Anliegen der Neuregelung besteht darin, die Rechtschreibung systematischer – „ordentlicher" – zu gestalten und sie ver-
ständlicher darzustellen.

3
sich über die
veränderte deutsche
Rechtschreibung
informieren

a) Der folgende „konstruierte" Text enthält elf veränderte Wortschrei-
bungen, zwei Änderungen in der Zeichensetzung und eine in der
Worttrennung.
Suchen Sie alle Änderungen heraus und erläutern Sie sie!

Gestern Nachmittag saßen wir in unserem Garten. Es war ziemlich langweilig und wir wussten nicht, was wir tun sollten. „Wollen wir Leute beobachten?", fragte Micha. Ich war einverstanden. Wir begannen sogleich mit

unseren Beobachtungen. Müllers, die linken Nachbarn, spielten schon den ganzen Nachmittag Rommee; Meyers, die rechten Nachbarn, hatten Besuch bekommen und redeten die ganze Zeit über Bekannte und Verwandte. Mir war das alles längst bekannt, sodass ich vorher schon immer sagen konnte, was als Nächstes kam. „Es wird am besten sein, wenn wir irgendetwas Interessanteres machen", schlug ich vor. „Lass uns Rad fahren! Unten an der Hafendammmühle wird heute die neue Fonothek eingeweiht." Dieser Tipp gefiel mir.

b) Zu drei der veränderten Schreibungen gibt es Schreibvarianten, d. h. eine andere, gleichfalls richtige Schreibung.
Ermitteln Sie diese und kommentieren Sie sie!
Wie denken Sie über solche Doppelschreibungen?

c) Auch zu der veränderten Worttrennung gibt es eine Variante. Welche?

d) An einer Stelle darf ein Komma stehen. An welcher?
Welche Zeichensetzung bevorzugen Sie? Warum?

e) Wie schon gesagt: In den Text unter a) wurden bewusst möglichst viele veränderte Schreibungen „eingebaut".
Untersuchen Sie nun einmal einen „ganz normalen" Zeitungstext ähnlicher Länge daraufhin, wie viele Veränderungen es aufgrund der Neuregelung der Rechtschreibung darin gibt!

4

aus Fehlern lernen

a) In jedem der folgenden Texte sind zwei Fehler enthalten. Suchen Sie diese heraus!

Ich stehe vor dem Bootshaus, in dem wir die Kajaks ausleien wollen, und warte auf meine Freunde. Sie müssten eigentlich schon hier sein.
Mir ist kalt. Gänsehaut überzieht Arme und Beine. Und mein Trainingsanzug liegt 32 km entfernt im Schrank – zu Hause. Hoffendlich wird mir beim Training richtig warm. Ich habe das Sprungseil schon in der Hand.

Ich schwamm immer weiter hinaus und genoss die klare Luft, die Stille und das angenehm warme Wasser. Diese kleine Bucht mochte Kilometer weit sein! Ich tauchte und um mich herum wurde es noch dunkler. Da schoss es mir durch den Kopf: Hast du auch noch ausreichend Luft, um an die Oberfläche zu kommen? Nur dieses eine dachte ich jetzt, alles Andere war aus meinem Sinn.

Schon viele Jahre zieht es mich in den Winterferien ins Erzgebirge, weil ich begeistert Skilaufe. Es ist für mich jedesmal ein wunderbares Erlebnis, auf Skiern durch den Winterwald zu laufen. Besonders reizvoll ist für mich das Erzgebirge auf der böhmischen Seite. Deshalb freute ich mich riesig, als meine Eltern vorschlugen, eine Wanderung zum „Stürmer" zu machen.

b) Erläutern Sie die Fehlerbeispiele! Welche Regelungen haben die Schreiber nicht beachtet?

c) Unterbreiten Sie Vorschläge für die Berichtigung der Fehler!

Zehn Unkorrektheiten – die stilistischen Unzulänglichkeiten nicht mitgerechnet – sind in dem folgenden Aufruf zu beanstanden. Korrigieren Sie den Text!

Aufruf

Die alte Bergstadt ruft seine
bergbaulich interessierten Bürgerinnen und Bürger
zur Mitarbeit in einem bergbaulichen Tratitionsverein auf.

    Was soll uns verbinden?
- die Liebe zu unsere bergbaulichen Heimat
- die Pflege bergbaulichen- und historischen Brauchtums
- der Wunsch, sich umfangreiches Wissen über
  bergmännischer Arbeit anzueignen und an unserer
  Jugend weiter zugeben
- sich in gemeinsamer Runde über die erreichten
  Erfolge zu freuen

Beste Voraussetzungen und Grundlagen, für eine ansprechende Vereinsarbeit, werden durch die Unterstützung unserer Stadt gegeben.

                        Glück Auf!

a) Stellen Sie die Regelmäßigkeiten fest, nach denen die folgenden Gruppen zusammengestellt wurden!
   Ein Beispiel passt jeweils nicht in die Reihe. Welches?

- gelbbraun, enttäuscht, weggehen, Ausstieg, innerhalb
- falten, fertig, flirten, lecker, Linsen, Sims, Konto, filtern
- Veranstaltung, Verrat, Verstärker, Veranda, Verband
- Geher, blühen, ruhig, ziehen, Ehe, leihen, Mühe, Ehre, mähen
- vierundzwanzig, einhundertsieben, neunzehn, sechzehn
- unternehmen, zurückkommen, heimfahren, teilnehmen, bereithalten

6
„Ordnung" –
Muster und Regeln –
in der Bildung
und Schreibung
von Wörtern
entdecken

b) Auch hier gibt es in jeder Zeile einen „Fremdkörper".
   Was müssen Sie jeweils einsetzen?
   Schreiben Sie ab und unterstreichen Sie den „Fremdkörper"! Inwiefern passt er nicht in das jeweilige Muster?

- das Äußere, außerhalb, der Ausbau, außen, Außenminister, Äußerung
- Polltesse, Polyp, Polygon, Pollgraphie, Pollmere, Polynesien
- das Kleid passt ihr, fast eine Stunde, Rast machen, der Palast, hastig
- gleichschenklig nebllig, gelegentlich dreiteilig, fällig, schwindlig
- Biedermeier, Stilepochen, prima, Klimazone, das Liter, lila
- Souvenir, Terrier, Kurier, Visier, Turnier, Papier, Manier, Revier
- Theater, Theorie, Thermalbad, Therapie, der Therm, Thema, Theorie
- todernst, Totenstille, tödlich, todmüde, Todesstunde
- seit/dem letzten Mal; nach/dem Wettkampf; seit/dem die Stunde begonnen hat; nach/dem Essen; seit/dem Ersten des Monats

seit dem
1. Juli

aber:
seitdem
wir hier
sind

7   In einer Fehleranalyse zur Rechtschreibung in Aufsätzen wurden für eine 9. Klasse folgende Ergebnisse ermittelt:

Interpunktion	28 %	Getrennt- und	
Flüchtigkeitsfehler	11 %	Zusammenschreibung	6 %
Bezeichnete Länge/Kürze	10 %	Fremdwörter	7 %
Groß- und		das – dass	6 %
Kleinschreibung	10 %	b, d, g – p, t, k	4 %
Schreibung von Präfixen,		s – ss – ß	4 %
Suffixen und Endungen	9 %	sonstige Fehler	5 %

a) Analysieren Sie einige Ihrer schriftlichen Arbeiten, deren Orthographie korrigiert worden ist, und vergleichen Sie Ihre Fehler mit diesem Analyseergebnis!

b) Schauen Sie sich Ihren Fehlerschwerpunkt genauer an! Wie könnten Sie ihn weiter untergliedern?

c) Analysieren Sie eine korrigierte schriftliche Arbeit der Klasse, z. B. einen Aufsatz! Lassen Sie sich dabei von Ihrer Deutschlehrerin / Ihrem Deutschlehrer beraten!

d) Vergleichen Sie Ihre Ergebnisse! Wie sind auftretende Unterschiede in den Analyseergebnissen zu erklären?

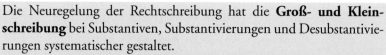

> Die Neuregelung der Rechtschreibung hat die **Groß- und Kleinschreibung** bei Substantiven, Substantivierungen und Desubstantivierungen systematischer gestaltet.
>
> Artikelfähigkeit und Attribuierbarkeit sind relativ verlässliche Hinweise auf Großschreibung, z. B.:
>
> *der Neue in unserer Klasse, das Wandern, eine Sechs würfeln, der Erste/ Letzte, die Übrigen, das Du anbieten, beim Inkrafttreten des Gesetzes, im Trüben fischen, im Allgemeinen /Folgenden/Übrigen/Voraus; etwas Spannendes, viel Unklares, alles Mögliche; heute Abend, sein Ja, ein freudiges Ah.*
>
> Nur in wenigen Fällen schreibt man klein, obwohl formale Substantivmerkmale vorhanden sind, z. B.:
> - *der eine oder andere, die beiden, die vielen/wenigen, das meiste, die meisten;*
> - *Wir hatten drei Spiele, im ersten mussten wir gleich gegen einen sehr starken Gegner antreten.*

8   Welche Wörter werden großgeschrieben? Warum?

(1) Immer strebe zum (G/g)anzen, und kannst du selber kein (G/g)anzes werden, als dienendes Glied schließ an ein (G/g)anzes dich an! *(Schiller)*

(2) Ich sei, gewährt mir die Bitte, in eurem Bunde der (D/d)ritte. *(Schiller)*

(3) Es gibt nichts (G/g)utes außer: Man tut es. *(Kästner)*

(4) Dem (G/g)lücklichen schlägt keine Stunde. *(Schiller)*

(5) Wer sich nicht selbst zum (b/B)esten haben kann, der ist gewiss nicht von den (b/B)esten. *(Goethe)*

(6) Einer trage des (A/a)nderen Last. *(Bibel. Paulus an die Galater)*

(7) Alles (G/g)etrennte findet sich wieder. *(Hölderlin)*

(8) Der (S/s)tarke ist am (M/m)ächtigsten allein. *(Schiller)*

Groß oder klein? Schreiben Sie richtig auf!   **9**

(1) heute (M/m)orgen, (M/m)orgen (N/n)achmittag, am nächsten (M/m)orgen, eines (A/a)bends, (A/a)bends, zu (A/a)bend essen, (M/m)ittags, am (D/d)ienstagabend

(2) Hast du große (A/a)ngst vor der Prüfung? Da kann einem (A/a)ngst und (B/b)ange werden. Der Kleine zitterte vor (A/a)ngst.
Die Fußgängerin traf keine (S/s)chuld. Du warst (S/s)chuld. Weil sie (S/s)chuld ist, muss sie für den Schaden aufkommen.
Ihr war das alles (L/l)eid. Geteiltes (L/l)eid ist halbes (L/l)eid. Es tut mir (L/l)eid.
Das Unternehmen ist (P/p)leite. So eine (P/p)leite!

(3) in Mathematik eine (Z/z)wei haben, (S/s)echzehn werden, die/der (D/d)ritte sein, die (Z/z)wei kenne ich, der Spieler mit der (Z/z)ehn auf dem Trikot, lauter (E/e)insen, um (V/v)iertel (F/f)ünf, ein (V/v)iertel des Gewinns, zwei (Z/z)ehntel Sekunden

(4) immer am (B/b)esten informiert sein, am (L/l)etzten Sonntag, am (E/e)rsten des Monats, sich immer am (N/n)euen orientieren, die Hindernisse am (S/s)ichersten überwinden

Bist du heute Nachmittag zu Hause?

Nein, heute komme ich erst abends zurück!

a) Wiederholen Sie die Regeln zur Schreibung von Eigennamen und Ableitungen von geographischen und Personennamen!

10
Eigennamen und Ableitungen davon

Diese Beispiele verweisen auf Muster bzw. Regeln:
- *das Grüne Gewölbe (in Dresden), Weiße Flotte, Sächsische Schweiz*
- *Meiß(e)ner Porzellan, Leipziger Museen*
- *sächsische Mittelschulen, ein erzgebirgischer Weihnachtsbrauch*
- *böttgersche Erfindung, lessingsche Fabeln*
  (auch: Böttger'sche Erfindung, Lessing'sche Fabeln)

b) Groß oder klein? Entscheiden Sie richtig!

Lübeck

Die 1143 von Graf Adolf dem (Z/z)weiten von Schaumburg gegründete Kaufmannssiedlung hat eine reiche Geschichte. Lübeck war Haupt der Hanse und eine der wohlhabendsten und einflussreichsten (N/n)orddeutschen Städte. Das der Stadt verliehene (S/s)oester Recht wurde umgestaltet und als (L/l)übisches Recht an über 100 Städte verliehen.

Holstentor in Lübeck

Mehr als tausend (L/l)übecker Gebäude stehen heute unter Denkmalschutz; die Altstadt ist von der UNESCO, einer Spezialorganisation der (V/v)ereinten Nationen, zum Weltkulturerbe erklärt worden. Der Dom, St. Marien – eine der bedeutendsten Kirchen der (N/n)orddeutschen Backsteingotik –, das Holstentor, die alten Salzspeicher sowie viele Bürgerhäuser, z. B. in der (B/b)reiten Straße, gehören zu den Sehenswürdigkeiten der Stadt. Zur „Pflicht" der Besucher Lübecks gehört auch das Buddenbrook-Haus, das seinen Namen nach dem berühmten Roman „Buddenbrooks" von Thomas Mann erhielt.

11 Setzen Sie richtig ein!

das **oder** *dass*?

(1) Da_ kann doch nicht sein! (2) Ist dir da_ schon einmal passiert? (3) Da_ ist ein Erlebnis, da_ ich lange in Erinnerung behalten werde. (4) Ich hatte nicht erwartet, da_ die Sache so ausgehen würde. (5) Da_ da_ so lange dauern würde, hatte niemand voraussehen können. (6) Sie sagte, da_ sei ihr sehr peinlich. (7) Sie hatte gedacht, da_ sie allein damit zurechtkäme. (8) Da_ in der vergangenen Woche noch auf einem vorderen Platz eingestufte Lied war diesmal gar nicht mehr in der Hitparade. (9) Das Verbot, da_ jetzt ausgesprochen wurde, war längst fällig. (10) Es wird befürchtet, da_ ähnliche Vorkommnisse wieder auftreten. (11) Da_ du aber nichts verrätst! (12) Da_ da_ da_ mit *ss* geschrieben wird, da_ ist doch so sicher, da_ man es gar nicht falsch machen kann.

Während **Satzzeichen** ursprünglich vor allem Vorlese-Zeichen waren, dient unsere heutige deutsche Interpunktion hauptsächlich dem besseren (Lese-)Verständnis. Die Interpunktion ist syntaktisch geregelt.

Die **Kommaregeln** im Überblick:

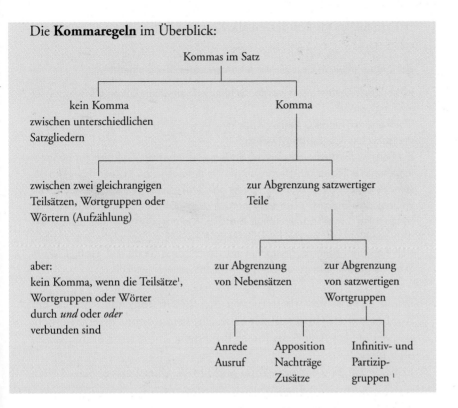

a) Gliedern Sie die im Deutschen üblichen Satzzeichen in Satzschluss-zeichen, Satzzeichen innerhalb des Satzes und Zeichen zur An-führung von Äußerungen!

b) Bereiten Sie sich darauf vor, Ihren Mitschülerinnen und Mit-schülern anhand von Beispielen die Funktion der Zeichen und die Normen für ihren Gebrauch zu erläutern!
Ziehen Sie das Regelverzeichnis eines Rechtschreibwörterbuches zu-rate!

c) Neben den Satzschlusszeichen, den Satzzeichen innerhalb des Satzes und den Satzzeichen zur Kennzeichnung der wörtlichen Rede gibt es noch Zeichen, die sich nur auf ein Wort beziehen.
Informieren Sie sich im Duden oder in einem anderen Recht-schreibwörterbuch über die Regelungen für diese Zeichen und ge-ben Sie Beispiele dafür!

12
sich über
Satzzeichen
informieren

---

[1] Hier k a n n ein Komma gesetzt werden, wenn der Schreiber die Gliederung des Satzes deutlich machen bzw. Missverständnisse ausschließen will, z. B.
– *Er schneidet die Hecke(,) und sie harkt das Laub zusammen.*
  Ich hoffe, dass er kommt(,) und dass er die CD mitbringt.
– *Ich lade dich ein(,) mit mir ins Kino zu gehen.*
  In Leipzig angekommen(,) rief er gleich an.

13 In dem folgenden Text fehlen alle Kommas. Setzen Sie sie! (Es müssen sechs sein.)

Schlangengiften verdanken wir lebensrettende Medikamente

In manchen Kulturkreisen werden Schlangen seit vielen Jahren als Symbol der Heilung verehrt.
Doch erst vor rund 90 Jahren lernte man genauer verstehen wie ihre Gifte im menschlichen Organismus wirken.
Ein Beispiel für die Forschung auf diesem Gebiet ist ein Wirkstoff zur Behandlung von Herz-Kreislauf-Erkrankungen. Im menschlichen Körper bewirken bestimmte Gewebshormone die Kinnie das Senken des Blutdrucks und das Erweitern der Gefäße. Man fand heraus dass das Gift einer brasilianischen Lanzenotter Eiweißstoffe enthält die die Wirkung dieser Kinnie verstärken also den Blutdruck senken und die Gefäße erweitern. Diese Erkenntnis haben sich Forscher zunutze gemacht und gleichartige Stoffe auf synthetischem Weg hergestellt und zu einem Medikament weiterentwickelt.

14 Wo müssen Sie, wo können Sie in den folgenden Sätzen ein Komma setzen? (In einem der Sätze darf kein Komma gesetzt werden, an zwei Stellen liegt es in Ihrem Ermessen, ob Sie ein Komma setzen oder nicht.)
Erklären Sie die Zeichensetzung mithilfe der Übersicht auf Seite 140 f.!

(1) Sie wollte von mir wissen ob ich für das Jazzkonzert das morgen in der Stadthalle gegeben wird Karten habe.
(2) „Kommst du mit ins Konzert oder möchtest du lieber zur Disko gehen?" fragte Robert.
(3) Sie versprach uns ganz pünktlich zu sein sodass wir zu den Ersten an der Abendkasse gehören.
(4) Heute Abend gehe ich in unseren Klub weil „Gipsy" meine Lieblingsgruppe spielt.
(5) Hallo liebe Grit ich bin der lange Blonde der dir beim letzten Training ganz bestimmt aufgefallen ist weil er dich mit vielen Fragen genervt hat.
(6) Der in der vergangenen Woche im Fernsehen gezeigte Bericht über das Konzert von Michael Jackson in Prag hatte bestimmt eine sehr hohe Einschaltquote.
(7) Meine Freundin dachte dass ich den Film schon gesehen hätte und war deshalb allein im Kino.
(8) Wir wollen zu dritt zelten: Gerd Sören mein Bruder und ich.

15 Wenn Sie in dem folgenden Text – es handelt sich um einen Auszug aus Jostein Gaarders Buch „Sofies Welt" – die Zeichen richtig setzen, verfügen sie über das grundlegende Können in der Zeichensetzung. Versuchen Sie es!
(In den mit * gekennzeichneten Sätzen liegt es in Ihrem Ermessen, ob Sie an bestimmten Stellen ein Komma setzen oder nicht.)

Liebe Sofie!

Viele Menschen haben unterschiedliche Hobbys. Manche sammeln alte Münzen oder Briefmarken andere handarbeiten gern noch andere widmen fast alle ihre Freizeit einer bestimmten Sportart.

Viele lesen auch gern. Aber was wir lesen ist sehr unterschiedlich. *Einige lesen nur Zeitungen oder Comics andere mögen Romane noch andere ziehen Bücher über verschiedene Themen wie Astronomie Tierleben oder technische Erfindungen vor.

Wenn ich mich für Pferde oder Edelsteine interessiere kann ich nicht verlangen dass alle anderen diese Interessen teilen. Wenn ich wie gebannt vor allen Sportsendungen im Fernsehen sitze muss ich mich damit abfinden können dass andere Sport öde finden.

Gibt es trotzdem etwas was alle interessieren sollte? *Gibt es etwas was alle Menschen angeht egal wer sie sind oder wo auf der Welt sie wohnen? Ja liebe Sofie es gibt Fragen die alle Menschen beschäftigen sollten. Und um solche Fragen geht es in diesem Kurs.

Was ist das Wichtigste im Leben? Wenn wir jemanden in einem Land mit Hungersnot fragen dann lautet die Antwort Essen. Wenn wir dieselbe Frage an einen Frierenden stellen dann ist die Antwort Wärme. Und wenn wir einen Menschen fragen der sich einsam und allein fühlt dann lautet die Antwort sicher Gemeinschaft mit anderen Menschen.

Aber wenn alle diese Bedürfnisse befriedigt sind gibt es dann immer noch etwas was alle Menschen brauchen? Die Philosophen meinen ja. Sie meinen dass der Mensch nicht vom Brot allein lebt. Alle Menschen müssen

Jostein Gaarder,
norwegischer Autor

natürlich essen. Alle brauchen auch Liebe und Fürsorge. Aber es gibt noch etwas was alle Menschen brauchen. *Wir haben das Bedürfnis herauszufinden wer wir sind und warum wir leben.

*Sich dafür zu interessieren warum wir leben ist also kein ebenso zufälliges Interesse wie das am Briefmarkensammeln. Wer sich für solche Fragen interessiert beschäftigt sich mit etwas was die Menschen schon fast so lange diskutieren wie wir auf diesem Planeten leben. Wie Weltraum Erdball und das Leben hier entstanden sind ist eine größere und wichtigere Frage als die wer bei den letzten Olympischen Spielen die meisten Goldmedaillen gewonnen hat.

Die beste Herangehensweise an die Philosophie ist es philosophische Fragen zu stellen:

Wie wurde die Welt erschaffen? Liegt hinter dem was geschieht ein Wille oder Sinn? Gibt es ein Leben nach dem Tod? Wie sollen wir überhaupt die Antwort auf solche Fragen finden? Und vor allem: Wie sollen wir leben? [...]

Sprache als Mittel der Verständigung und des Erkennens

Das Wort im Satz

1   Was Worte alles können

erklären
verraten
verschweigen
Missverständnisse ausräumen
täuschen
preisgeben
Misstrauen schaffen
Herzen öffnen
verletzen
trösten …

H. Manz

a) Was können Worte Ihrer Meinung nach darüber hinaus? Versuchen Sie das Gedicht weiterzuschreiben!

b) Welche Eigenschaften von Wörtern sind Ihnen besonders wichtig? Welche machen Sie nachdenklich? Sprechen Sie darüber!

2   Mir fehlt ein Wort

das treffende Wort suchen

Ich werde ins Grab sinken, ohne zu wissen, was die Birkenblätter tun. Ich weiß es, aber ich kann es nicht sagen. Der Wind weht durch die jungen Birken; ihre Blätter zittern so schnell, hin und her, daß sie … was? Flirren? Nein, auf ihnen flirrt das Licht; man kann vielleicht allenfalls sagen: die Blätter flimmern … aber es ist nicht das. Es ist eine nervöse Bewegung, aber was ist es? Wie sagt man das? Was man nicht sagen kann, bleibt unerlöst – „besprechen" hat eine tiefe Bedeutung. Steht bei Goethe „Blattgeriesel"? Ich mag nicht aufstehen, es ist so weit bis zu diesen Bänden, vier Meter und hundert Jahre. Was tun die Birkenblätter – ?

[…] Nur die Blätter der Birke tun dies; bei den andren Bäumen bewegen sie sich im Winde, zittern, rascheln, die Äste schwanken, mir fehlt kein Synonym, ich habe sie alle. Aber bei den Birken, da ist es etwas andres […] Was tun die Birkenblätter? Während ich dies schreibe, stehe ich alle vier Zeilen auf und sehe nach, was sie tun. Sie tun es. Ich werde dahingehen und es nicht gesagt haben.

a) Mir fehlt ein Wort – schrieb Tucholsky. Können Sie sich in seine Gedanken hineinversetzen? Versuchen Sie das Problem, das er beschreibt, zu benennen!

b) Haben Sie sich einmal in einer ähnlichen Situation befunden? Was wollten sie sagen? Wofür fehlte Ihnen das treffende Wort?

Ich weiß es, aber ich kann es nicht sagen – oder doch?　　　**3**
a) Suchen Sie nach Wörtern, die folgende Erscheinungen treffend beschreiben! Notieren Sie zunächst alle Wörter, die Ihnen spontan einfallen!

　　– die Bewegung eines Drachens, der in den Herbsthimmel aufsteigt
　　– das Geräusch beim Laufen durch frisch gefallenes Laub
　　– das Gefühl beim Achterbahnfahren
　　– die Stimmung, die von einer brennenden Kerze ausgeht
　　– das Aussehen des eigenen Spiegelbilds im Spiegelkabinett

b) Schauen Sie sich die von Ihnen unter a) notierten Wörter noch einmal genau an,
　　– streichen Sie alle, die Sie nicht für treffend halten, und
　　– kennzeichnen Sie solche, die Ihnen zu allgemein erscheinen!
Überprüfen Sie anschließend gemeinsam, ob alle Wörter, die übrig sind, wirklich das sagen, was Sie meinen!

Ich hab mich des gevlissen jm dolmetschen / das ich rein und klar deudsch geben moechte. / Und ist uns wol offt begegenet / das wir .riiij. tage[1] / drey / vier wochen / habē ein einiges wort gesucht und gefragt / habens dennoch zu weilen nicht funden.

4
Probleme
beim Übersetzen

Welches Problem beim Übersetzen („Dolmetschen") spricht Martin Luther in seinem „Sendbrief vom Dolmetschen" hier an? Gilt das auch für die heutige Zeit? Haben Sie Ähnliches selbst schon erlebt? Sprechen Sie darüber!

---

[1] *riiij tage* 14 Tage

Heinrich Zille

5 Anekdoten, Witze oder Sprachspiele lassen sich oft gar nicht oder nur schwer in eine andere Sprache übersetzen.

a) Lesen Sie die folgenden Anekdoten! Wodurch entsteht jeweils die komische Wirkung?

(1) In einem Gespräch wurde der Schriftsteller Theodor Storm von einem Bekannten gefragt: „Welche Bildung muss denn ein Dichter haben?"
Theodor Storm antwortete: „Es gibt nur drei Arten von Bildung: Die gesuchteste ist die Spezialbildung, die seltenste ist die Herzensbildung und die häufigste ist die – Einbildung."

(2) Heinrich Zille, der in Sachsen geborene Berliner Maler, schlenderte eines Tages durch den Berliner Wedding und sah in einer Destille ein junges Mädchen, den Typ einer echten Berliner „Jöre". Sie schien ihm als Modell interessant zu sein und er fragte sie: „Frollein, ick möchte Se jerne malen. Ham Se schon mal jesessen?"
Das Mädchen seufzte: „Mensch, erinnern Se mir bloß nich an die Zeit."

(3) Gotthold Ephraim Lessing sollte einmal sein Urteil über eine Dame abgeben, die ein sehr schlechtes Deutsch sprach.
„Solange sie mich nicht ansprach", meinte er, „sprach sie mich sehr an. Als sie mich aber ansprach, sprach sie mich nicht mehr an."

b) Welche Schwierigkeiten mit dem Verstehen der Anekdoten könnten bei Menschen auftreten, deren Muttersprache nicht Deutsch ist? Können Sie Ihre Vermutung begründen?

c) Kennen Sie andere Anekdoten über „berühmte" Leute, deren Komik auf einem Wortspiel beruht? Erzählen Sie ein Beispiel!

6 Ein italienisches Sprichwort sagt, dass der Übersetzer ein Täuscher sei. Wie könnte das gemeint sein? Tauschen Sie sich darüber aus!

7
Bedeutungsvarianten eines Wortes beachten

Sie sollen jemandem, der Deutsch lernt, die Bedeutung folgender Wörter erklären:

Strom, Jugend, Flügel, Schloss

a) Schreiben Sie zunächst alle Bedeutungsvarianten (B) auf, z. B.

Strom: B 1: *großer Fluss*
 B 2: *sich in eine Richtung bewegende elektrische Ladung*
 B 3: *Menge sich fortbewegender Lebewesen oder Dinge*

b) Stellen Sie das jeweils gemeinsame Merkmal fest, z. B.
Strom: *fließend, sich (fort)bewegend*

c) Verwenden Sie jede der Bedeutungsvarianten in einem Sinnzusammenhang, der die Bedeutung eindeutig macht!

Einige Wörter kommen sowohl in der Allgemeinsprache als auch in der Fachsprache einzelner Wissenschaftsdisziplinen vor. **8**

a) Notieren Sie Beispiele für die allgemeinsprachliche Verwendung der folgenden Wörter!

Leistung, Wasser, Energie, Geschwindigkeit

b) Stellen Sie den allgemeinsprachlichen Gebrauch der Wörter aus Aufgabe a) den Definitionen gegenüber, die Sie aus dem Fachunterricht kennen! Welche Unterschiede können Sie feststellen?

c) Wählen Sie ein Wort aus und formulieren Sie einen Stichwortartikel für ein Bedeutungswörterbuch oder einen für ein Fachbuch!

Wer weiß es? **9**
vage oder
deutlich bezeichnen

(1) Die meisten Zuschauer sind mit dem Ergebnis zufrieden. → Wie viele sind das?
(2) Konzertkarten kannst du überall kaufen. → Wo ist das?
(3) Das neue Computerspiel ist ziemlich teuer. → Wie viel kostet es?
(4) Mein Freund hat ein großes Zimmer. → Wie groß ist es?
(5) Sie will den Streit schnell beenden. → Wie lange dauert das?

Welche Absicht verfolgt der Sprecher mit seinen Aussagen? In welchen Situationen sind diese Aussagen angemessen, in welchen nicht?

Ob Sie etwas deutlich oder vage bezeichnen, hängt von der Situation ab, in der Sie sich äußern:
– **Deutlich bezeichnet** man meist dann, wenn man die zu bezeichnenden Lebewesen, Gegenstände oder Sachverhalte kennt und dies auch zu verstehen geben will oder wenn man Missverständnisse vermeiden möchte.
– **Vage bezeichnet** man meist dann, wenn man die zu bezeichnenden Lebewesen, Gegenstände oder Sachverhalte nicht kennt, wenn man sie nicht beim Namen nennen will, z. B. aus Höflichkeit oder Rücksichtnahme, oder wenn man die deutliche Bezeichnung anderen überlassen möchte/kann.

Die folgenden Aussagen sind jeweils mit zunehmender Deutlichkeit formuliert. Stellen Sie fest, wodurch das erreicht wurde! Welche sprachlichen Mittel sind eingesetzt worden? Attribute, Adverbialbestimmungen, Fachwörter, …? **10**
In welchen Situationen könnten die einzelnen Sätze verwendet worden sein?

(1) – Wir treffen uns nach dem Stadtbummel vor dem Bahnhof.
– Wir treffen uns um vier Uhr am Fahrkartenschalter vor dem Bahnhof.

(2) – Ein Spaziergang macht Freude.
  – Ein Spaziergang vorbei an blühenden Feldern macht Freude.
  – Ein Spaziergang vorbei an gelb blühenden Rapsfeldern macht Freude.
(3) – Das Essen hat gut geschmeckt.
  – Das Essen beim Italiener hat gut geschmeckt.
  – Die Salamipizza beim Italiener um die Ecke hat gut geschmeckt.
(4) – Nach dem Gewitter mochten wir nicht in der Ostsee baden; eine bräunliche Masse war angeschwemmt worden.
  – Nach dem schweren Gewitter heute Morgen mochten wir nicht in der Ostsee baden; unangenehm riechender Seetang war angeschwemmt worden.
(5) – Ich brauche für meinen Computer ein Gerät, mit dem man Texte erfassen kann, ohne dass man sie abschreiben muss.
  – Ich brauche für meinen Computer einen Scanner.

11 a) Formulieren Sie die einzelnen Aussagen – wenn möglich – mit zunehmender Deutlichkeit!

(1) Die Vorbereitung muss geplant werden.
(2) Ich höre Musik.
(3) Ich werde abgeholt.
(4) Das Handballspiel endete unentschieden.
(5) Ich ärgere mich.
(6) Mit meiner Schwester kannst du im Moment nicht sprechen. Sie hat Besuch.
(7) Die Geburtstagsfeier war wie immer.
(8) Du hast ja ein neues T-Shirt an.

b) Sprechen Sie über die so erreichten Veränderungen in der Aussage der Sätze! In welchen Situationen wären die jeweiligen Formulierungen angemessen?

Wie würden Sie in den folgenden Situationen formulieren – eher vage **12**
oder eher deutlich? Begründen Sie Ihre Entscheidungen!

(1) Der neue Freund Ihrer Freundin / die neue Freundin Ihres Freundes gefällt Ihnen nicht.
(2) Anstatt mit den Eltern in Urlaub zu fahren, würden Sie viel lieber mit Freunden campen.
(3) Der Schaukelstuhl im Zimmer Ihrer Schwester / Ihres Bruders gefällt Ihnen
so gut, dass Sie ihn gern selbst hätten.

Nennen Sie Situationen, in denen es für Sie typisch ist, eher deutlich / **13**
eher vage zu bezeichnen!
Tauschen Sie sich darüber aus!

Gestalten Sie die folgenden – oder auch ähnliche – Situationen in Rol- **14**
lenspielen! Legen Sie vorher fest, welcher Gesprächsteilnehmer vage,
welcher deutlich formulieren soll!

• Verkaufsgespräch
• Einladung zu einer Überraschungsparty
• Absage einer Verabredung

Computerkauf – für unsere Familie ein echtes Problem! **15**
Wir sind keine Experten auf dem Gebiet der Computertechnik und haben
deshalb Freunde gebeten, uns zu raten, worauf wir beim Kauf eines Computers achten sollen. Hier einige ihrer Tipps:
– Nehmt am besten einen Prozessor mit mehr als 133 MHz!
– Der Arbeitsspeicher sollte mindestens 8 MB (besser noch
16 MB) haben, denn nur so laufen Grafik-Anwendungen
schnell.
– Spart auf keinen Fall an der Festplatte! Es gibt schon
preiswerte Festplatten mit 1 Gigabyte.
– Achtet beim Monitor darauf, dass er strahlungsarm ist
und eine Bildschirmdiagonale ab 15″ hat!
– Das Double-Speed-CD-ROM-Laufwerk genügt für die meis-
ten Programme.
– Ob Desktop, Tower oder Minitower ist vor allem eine
Frage des Platzes. Tower und Minitower bieten mehr
Platz zum Nachrüsten.
Diese Tipps sind zwar gut gemeint, aber sie helfen uns doch wenig.
Was ist ein strahlungsarmer Monitor? Warum brauchen wir einen großen
Arbeitsspeicher? Mehr Fragen als Antworten! Es wird wohl noch eine Weile
dauern, bevor wir den richtigen Computer für die ganze Familie gefunden
haben.

a) Nennen Sie alle Fachwörter, die zwar deutlich bezeichnen, aber
beim Laien auf Unverständnis stoßen könnten!

b) Klären Sie die Bedeutung dieser Fachwörter! Welche davon sind Fremdwörter?

c) Welche Tipps würden Sie einem Laien für den Kauf eines Computers geben?

Fremdwörter erkennen und verwenden

16 Sie haben in vergangenen Schuljahren bereits manches über Fremdwörter erfahren, auch über deren Verwendung in Texten.

Welche Gründe sprechen f ü r den Gebrauch von Fremdwörtern, welche d a g e g e n? Beachten Sie bei Ihren Überlegungen auch, dass es unterschiedliche Textarten gibt!

17 Nehmen Sie Stellung zu folgenden Behauptungen:

(1) Die zunehmende Verwendung von Fremdwörtern, besonders von Amerikanismen, ist notwendig und unaufhaltsam.

(2) Die zunehmende Verwendung von Fremdwörtern macht die deutsche Sprache kaputt.

18 Untersuchen Sie Häufigkeit und Notwendigkeit der Verwendung von Fremdwörtern

– in einem Zeitungsartikel Ihrer Wahl,

– in einem Gespräch / einer Diskussion, z. B. Alltagsgespräch, Talkshow, Fernsehserie,

– in Ihrem eigenen Sprachverhalten!

Notieren Sie alle Fremdwörter und beurteilen Sie die Angemessenheit ihrer Verwendung!

19 a) Lesen Sie den folgenden Text und suchen Sie möglichst viele Fremdwörter heraus!

Musik – die schönste Nebensache der Welt?

Jugendliche ohne ihre Musik – unvorstellbar – ein Alptraum für viele von ihnen! Dabei ist es egal, ob die Musik aus dem Radio, der Stereoanlage, dem Walkman oder aus dem Fernseher kommt. Hauptsache Musik – und das zu jeder Tages- und Nachtzeit! Wissenschaftler haben herausgefunden, dass Musik unterschiedlichste Bedürfnisse im Leben von jungen Menschen befriedigen kann. Sie macht das Aufstehen leichter, bringt gute Laune für den Tag, ist Gesprächsgegenstand in der Schule, im Freundeskreis und manchmal auch zu Hause, sie dient als Geräuschkulisse bei den Hausaufgaben, hilft gegen Alltagsstress und gelegentlich auch bei Liebeskummer.

Jede Generation hat ihre eigene Musik, die das Lebensgefühl dieser Generation widerspiegelt. Liveauftritte und Videoclips sind beispielsweise eine wichtige Informationsquelle für Modetrends und neue Lebensstile. Daneben ermöglicht Musik vielen Jugendlichen die Identifikation mit Leitfiguren aus der Musikszene und stimuliert Träume und Sehnsüchte auf dem Weg zum Erwachsenwerden. Musik ist für Jugendliche darüber hinaus ein Bindeglied, mit dessen Hilfe Freundschaften geschlossen und Grenzen gegenüber Jugendlichen mit anderen Musikpräferenzen gezogen werden. Und sie kann auch als Ausdruck von Protest gegen die Alltagskultur und die Welt der Erwachsenen oder als Aufforderung zum Aktivwerden dienen.

b) Halten Sie die Verwendung der Fremdwörter in diesem Text für angemessen? Versuchen Sie einmal alle Fremdwörter durch deutsche Wörter zu ersetzen! Was stellen Sie fest?

c) Sprechen Sie darüber, welche Bedeutung Musik für Sie hat! Gehen Sie dabei auch auf Aspekte ein, die im Text genannt werden!

d) Stellen Sie in einem Text eine Musikrichtung, einen Sänger, eine Sängerin oder eine Gruppe Ihrer Wahl vor!
Haben Sie Fremdwörter verwendet? Warum? Warum nicht?

---

20 Entscheiden Sie sich für das treffende Wort! Überlegen Sie dabei, ob es Bedeutungsunterschiede zwischen den vorgeschlagenen Verben gibt! (Wenn Sie unsicher sind, schlagen Sie in einem Bedeutungs- oder Fremdwörterbuch nach!)

(1) Während der Ferien möchte ich an einem Imbissstand arbeiten/jobben.

(2) Ich hätte Lust, mal wieder zu laufen/joggen.

(3) Wir sollten wieder mehr miteinander reden/kommunizieren. Vielleicht gibt es dann nicht mehr so viele Missverständnisse zwischen uns.

(4) Alle Mannschaften haben bis zum Ende der Schulmeisterschaften gekämpft/gefightet, obwohl der Sieger schon frühzeitig feststand.

(5) Es war gut, dass wir den Rasen vor dem Spiel getestet/ausprobiert haben, so konnten wir uns besser auf die Bodenverhältnisse einstellen.

(6) Sie hatte den Mut / die Courage, zu ihrer Entscheidung zu stehen. Das imponiert mir / hat mich beeindruckt.

---

21 Suchen Sie für folgende Fremdwörter deutsche Entsprechungen! Beurteilen Sie die Beziehung zwischen Fremdwort und deutschem Wort! Verwenden Sie zu diesem Zweck beide Wörter in jeweils gleichen kurzen Sätzen!

Designer, Entertainer, Outsider, Kid, Handicap, Frust, Layout, Paperback flirten, bluffen, checken, pokern, jetten, trainieren

22 Micha zu seiner Mutter: „Mutti, was ist eigentlich ein Philanthrop?" „Was, das weißt du nicht?", antwortet daraufhin sein Bruder. „Das ist jemand, der Briefmarken sammelt."

Erzählen Sie andere Witze, deren Komik auf der falschen Verwendung eines Fremdworts beruht!

Formulierungen erproben

von der Notiz zum Text:

1 Nach einer gemeinsamen Reise nach Rom wollen die Schülerinnen und Schüler der 9 c ihre Erlebnisse in einer Reisemappe dokumentieren. Sie haben sich deshalb unterwegs Notizen gemacht.

Petersplatz mit
Kolonnaden von Bernini

Aus Roberts Notizbuch:

die Kuppel im Hauptgebäude
von Michelangelo entworfen
Baubeginn 1546
1589 von Giacomo della
Porta und Domenico Fontana
fertig gestellt
Bauzeit also 43 Jahre
bis zur Kreuzspitze 132 m
hoch
119 m bis zur Scheitelhöhe
(höchster Punkt der Wölbung)
Durchmesser 42 m
mit ein paar Leuten ganz
oben auf der Kuppel
von dort eine schöne Sicht
auf die Stadt

Und bei Nicole steht:

vor der Peterskirche die Piazza Regia
trapezförmig
direkt davor alles wie im rechten
Winkel
auf der linken Seite eine Statue
von Petrus
die Fassade der Peterskirche
45 m hoch
1614 von Maderna fertig gestellt
100 m hohe Glockentürme links
und rechts von Bernini geplant
nach Rissen am rechten Turm
das Weiterbauen eingestellt
Figuren auf der Balustrade:
Christus, Johannes der Täufer
und die 12 Apostel
die Kuppel 1546 von Michelangelo
gebaut
1589 vollendet
Gesamthöhe bis zum Kreuz 132 m
Scheitelhöhe 119 m
Durchmesser 42 m

Vor die Aufgabe, Notizen zu einem Text zu verflechten, wird man im Leben des Öfteren gestellt. So etwas ist nicht einfach.
Was müssen Sie dabei beachten? Welche Schwierigkeiten können auftreten? Welche Zwischenschritte sollte man gehen?
Sprechen Sie darüber! Tauschen Sie Ihre Erfahrungen aus!

Auch Yvonne hat sich auf der Reise Notizen gemacht, die sie zu Hause zu einem Text ausbaut. Hier ist ihr Entwurf, den sie in der Klasse vorliest:

2
– einen Entwurf
erarbeiten

Auf der Kirche befindet sich eine Kuppel, die 1546 gebaut wurde. Auf der Spitze ist ein Kreuz, bis dahin beträgt die Höhe 132 m. Man kann die Kuppel betreten, von ganz oben hat man eine sehr schöne Aussicht auf ganz Rom.
An den Wänden und in den Nischen sind Grabmäler von allen möglichen Päpsten. Nicht jeder konnte in die Kirche hinein. Leute mit kurzen Hosen, Röcken oder Träger-T-Shirts wurden zurückgewiesen. Es war alles ganz still, vielleicht hörte man mal ein Geflüster, aber sonst sah man nur das Blitzen von Kameras. An der Decke sah man die Erschaffung Adams.

a) Wie könnten Yvonnes Notizen ausgesehen haben? Versuchen Sie dies anhand ihres Textes herauszufinden!
b) Beurteilen Sie Yvonnes Entwurf! Was könnte man ihr für die Überarbeitung raten?

In einem Gespräch über Yvonnes Entwurf in der Klasse wird deutlich, dass sie mehr erlebt und gesehen hat, als in ihrem Text zum Ausdruck kommt. Deshalb überarbeitet sie ihn zu Hause noch einmal. Ihre zweite Fassung lautet so:

3
– den Entwurf
überarbeiten

Als wir gemeinsam die Kirche betreten wollten, zeigte ein Schild davor die vorgeschriebene Kleidung an. Einige von uns sind nicht reingekommen, weil sie kurze Hosen oder ein ärmelloses T-Shirt anhatten. Sie wurden gebeten, draußen zu bleiben. Im Stillen musste ich zwar ein bisschen lachen, aber man konnte ja doch nichts ändern.
Es war bewundernswert, alles war ganz still, man hörte vielleicht mal ein leises Geflüster oder sah das Blitzen von Kameras. Das wunderte

Rom. Tiberbrücke,
im Hintergrund
der Petersdom

mich doch, fotografieren durfte man! Es war total schön dort drin. Vieles war aus Bronze, zum Teil vergoldet. Wenn man es fotografierte, leuchtete es schön gelbrot. Aber das war noch nicht alles, was mir gefiel.

Wir gingen zu dritt auf die Kuppel. Die Höhe betrug 132 m, also ich glaube, man kann sich gut vorstellen, wie viele Treppen es dann waren. Aber als ich dann nach langer Zeit und erschöpft oben ankam, war ich noch mehr beeindruckt als von der Kirche. Der Ausblick, den man von oben hat, ist total schön, man konnte wirklich über ganz Rom gucken, egal, auf welche Seite man ging, der Ausblick veränderte sich nicht, es blieb schön. Und man kann auch gut erkennen, wie der Platz aussieht, nämlich die Piazza Regia, ein kleiner trapezförmiger Platz vor der Kirche. Als ich dann die Kuppel wieder verließ und erschöpft wieder unten ankam, habe ich nur gesagt: „Das Geld und die Mühe haben sich gelohnt!"

Vergleichen Sie diese Fassung mit der in Aufgabe 2! Worin unterscheiden sie sich? Was ist in der zweiten Fassung anders? Wo hat Yvonne etwas weggelassen, wo etwas hinzugefügt? Hat sie eine andere Reihenfolge gewählt? Hat sie Wörter und Wendungen durch andere Ausdrücke ersetzt?

Wie beurteilen Sie die Bearbeitung? Können Sie andere/weitere Überarbeitungsvorschläge machen?

4 Die Gruppe, die aus den vorliegenden Entwürfen gemeinsam einen Text für die Reisemappe erarbeiten soll, möchte möglichst viele Sachinformationen und persönliche Eindrücke berücksichtigen. Das erweist sich als schwierig. Über den Bau und die Höhe der Kuppel zum Beispiel liegen drei unterschiedliche Darstellungen vor:

(1) Auf der Kirche befindet sich eine Kuppel, die 1546 gebaut wurde. Auf der Spitze ist ein Kreuz; bis dahin beträgt die Höhe 132 m.

(2) Die Kuppel befindet sich im Hauptgebäude, die von Michelangelo entworfen wurde; er begann mit dem Bau der Kuppel 1546, aber er konnte das Werk nicht vollenden. Die Kuppel wurde von Giacomo della Porta und Domenico Fontana 1589 fertig gestellt. Also der Bau der Kuppel dauerte 43 Jahre, sie ist 132 m hoch bis zum Kreuz, das auf der Spitze der Kuppel steht.

(3) Wir gingen zu dritt auf die Kuppel. Die Höhe betrug 132 m, also ich glaube, man kann sich gut vorstellen, wie viele Treppen es dann waren.

Michelangelo (1475–1564)

a) Lesen Sie noch einmal nach, was Nicole und Robert in ihren Notizen (Aufg. 1) über die Kuppel des Petersdoms festgehalten haben! Vergleichen Sie die Darstellungen (1) bis (3) damit! Welche Notizen wurden genutzt, welche weggelassen? Welche Gründe für diese Entscheidungen könnte es geben?

b) Überprüfen Sie, ob in den Darstellungen (1) bis (3) die Sätze in jedem Fall zweckmäßig miteinander verbunden wurden! Verändern Sie gegebenenfalls die Satzanfänge, indem Sie ein anderes Satzglied an den Anfang stellen (Umstellprobe)!

c) Aus einer Notiz, wie

im Hauptgebäude eine Kuppel, 1546 gebaut,

könnte z. B. die folgende Formulierung entstehen:

Im Hauptgebäude befindet sich eine Kuppel, <u>die 1546 gebaut wurde</u>.

Welches sprachliche Mittel ist hier zum Ausbau des Satzes verwendet worden?

d) Welche anderen Möglichkeiten, aus der Notiz unter c) Sätze zu formulieren, sehen Sie? Erarbeiten Sie Vorschläge!
Erläutern Sie, mithilfe welcher sprachlichen Mittel Sie die Sätze jeweils ausgebaut haben!

5

a) Suchen Sie aus dem Text von Yvonne (Aufg. 3) Beispiele dafür heraus, wie sich Substantive durch Attribute zu Nominalgruppen erweitern lassen!

b) Sprechen Sie darüber, was die Attribute für die Gestaltung von Texten leisten!

6

Über den Aufstieg zur Kuppel und den Ausblick von dort hat die Redaktionsgruppe zunächst folgende Formulierung erarbeitet:

(A)
Wir waren ganz oben auf der Kuppel. Vom Ausblick, den man von dort hat, waren wir noch mehr beeindruckt als von der Kirche.

Das ist noch nicht alles, was dazu in den Notizen steht. Deshalb nimmt die Gruppe noch einige Erweiterungen vor:

(B)
<u>Zu dritt</u> stiegen wir ganz nach oben auf die Kuppel, <u>weil man von dort eine schöne Sicht auf die Stadt haben soll</u>. <u>Als wir nach einem langen Aufstieg erschöpft oben ankamen</u>, waren wir vom Ausblick, den man von dort hat, noch mehr beeindruckt als von der Kirche.

a) Vergleichen Sie die beiden Fassungen miteinander! Stellen Sie fest, ob jede Erweiterung bereits eine Verbesserung bedeutet!

b) Prüfen Sie mithilfe von Umstellproben, ob die unterstrichenen Erweiterungen in (B) Satzglieder sind!

c) Suchen Sie mithilfe der Ersatzprobe nach weiteren Formulierungsmöglichkeiten!

155

Blick über Rom

7 a) Über einige Formulierungsvorschläge gibt es innerhalb der Redaktionsgruppe lebhafte Diskussionen, z. B. über Nicoles Beschreibung der Piazza Regia, von der Yvonne meint, dass sie nicht zu verstehen sei:

> Vor der Peterskirche ist ein trapezförmiger Platz, aber wenn man direkt davor steht, sieht es aus, als wenn alles gerade verläuft. Auf der linken Seite steht eine Statue von Petrus, das ist die Piazza Regia.

Sind Sie auch der Meinung, dass Nicoles Text Mängel aufweist? Wenn ja, benennen Sie diese!
Welche Ratschläge für die Überarbeitung würden Sie Nicole geben?

b) Nach längerer Diskussion in der Redaktionsgruppe entsteht folgende Formulierung:

> Vor der Peterskirche ist die Piazza Regia, ein trapezförmiger Platz, der aber, wenn man direkt davor steht, wie ein Rechteck aussieht. Auf der linken Seite steht eine Statue von Petrus.

Welche Veränderungen sind vorgenommen worden? Wie beurteilen Sie diese?
Würden Sie noch anders formulieren? Wenn ja, wie?
Was halten Sie davon, den ersten Satz in mehrere kurze Sätze aufzulösen? Probieren Sie es einmal!
Sprechen Sie über Ihre Ergebnisse!

8 Auch andere Formulierungen stoßen im Gespräch in der Klasse auf Kritik und werden noch einmal überarbeitet.

a) Vergleichen Sie jeweils Fassung (A) und (B) miteinander! Welche Veränderungen fallen Ihnen auf? Wie beurteilen Sie diese?

156

(A)

Also der Bau der Kuppel dauerte 43 Jahre; sie ist 132 m hoch bis zum Kreuz, das auf der Spitze der Kuppel steht.

(B)

Der Bau der Kuppel dauerte also 43 Jahre; sie ist bis zum Kreuz auf ihrem Scheitel 132 m hoch.

(A)

Die Kuppel befindet sich im Hauptgebäude, die von Michelangelo entworfen wurde. Er begann mit dem Bau 1546, aber er konnte das Werk nicht vollenden. Die Kuppel wurde von Giacomo della Porta und Domenico Fontana 1589 fertig gestellt.

(B)

Die Kuppel im Hauptgebäude wurde von Michelangelo entworfen, der mit dem Bau 1546 begann, aber das Werk nicht vollenden konnte. Von Giacomo della Porta und Domenico Fontana wurde sie 1589 fertig gestellt.

b) Beschreiben Sie genau, durch welche Ersetzungen, Umstellungen und anderen Änderungen im Satzbau die neuen Formulierungen zustande gekommen sind!

Würden Sie weitere Änderungen vornehmen? Welche?

c) Diskutieren Sie, welche Gründe dafür sprechen können,

– einen selbstständigen Satz einem anderen Satz als Attribut einzugliedern, z. B.

Die Kuppel befindet sich im Hauptgebäude. Sie wurde 1546 von Michelangelo entworfen. →

Die Kuppel im Hauptgebäude wurde 1546 von Michelangelo entworfen.

– ein Attribut aus einem Satz auszugliedern und in einen Hauptsatz umzuformen, z. B.

Die 1546 von Michelangelo entworfene Kuppel im Hauptgebäude ist 132 m hoch. →

Die Kuppel im Hauptgebäude ist 132 m hoch. Sie wurde 1546 von Michelangelo entworfen.

– einen Relativsatz durch ein Präpositionalattribut zu ersetzen, z. B.

Die Kuppel ist bis zum Kreuz, das auf ihrem Scheitel steht, 132 m hoch. →

Die Kuppel ist bis zum Kreuz auf ihrem Scheitel 132 m hoch.

d) Überarbeiten Sie nun einen eigenen Text! Stellen Sie dabei ähnliche Überlegungen an wie die Schülerinnen und Schüler der 9 c!

Stellen Sie Ihre Ergebnisse in der Klasse/Gruppe zur Diskussion!

Textzusammenhänge herstellen

> Texte zeichnen sich dadurch aus, dass Abschnitte, Sätze und Satzteile auf vielfältige Weise miteinander verflochten sind.
>
> **Beziehungen in Texten** können z. B. hergestellt werden durch
> - Pronomen (*er* für *der Mann*, *sie* für *die Leute*),
> - Adverbien (*dort, hier, damals*),
> - begriffliche Variationen (für *Hund* z. B. *Tier, Haustier, Kläffer, Promenadenmischung*),
> - Wiederholung von Wörtern oder Wortgruppen, auch verbunden mit Wortartwechsel (*Sie <u>freute</u> sich riesig. In ihrer <u>Freude</u> …*).
>
> Beziehungen in Texten können auch verdeutlicht werden durch
> - Konjunktionen *(und, oder, denn, nachdem, sobald)* und
> - Fragepronomen *(warum, wie, wo).*
>
> Der **Textzusammenhang** wird unterstützt durch
> - einheitlichen Gebrauch von Tempora (Zeitformen) und Modi (Aussageweisen) des Verbs sowie durch
> - günstige Besetzung des Vorfelds in aufeinander folgenden Sätzen.

1

Verflechtungsmittel analysieren

a) Untersuchen Sie den folgenden Text unter dem Gesichtspunkt, welche Verflechtungsmittel verwendet worden sind!

Schreiben Sie den unterstrichenen Namen auf, der den Darstellungsgegenstand bezeichnet, und stellen Sie als Kette dar, welche Wörter und Wendungen sich darauf beziehen!

Vincent van Gogh:
Selbstbildnis mit Staffelei.
Gemälde, 1888

<u>Vincent van Gogh</u> war ein Mann von großer Kreativität. Zeit seines Lebens aber war er zutiefst einsam. Immer fühlte er sich als Außenseiter. Und er war es auch. Einmal schrieb er an seinen Bruder: „Was bin ich in den Augen der meisten Menschen? Ein Niemand, ein Exzentriker und ein unangenehmer Mensch […]" Dabei schuf er einzigartige Werke. Damals, zu seinen Lebzeiten, wurde nur eines seiner Bilder verkauft. Heute bietet man Millionen für seine Gemälde.

Besonders in den letzten Lebensjahren fand der Künstler zu seinem kraftvollen, charakteristischen Stil. Etwa zeitgleich damit aber breitete sich seine verheerende Krankheit aus. Er litt unter Wahnsinnsanfällen, die damals fälschlicherweise mit seiner Art zu malen in Zusammenhang gebracht wurden. Seine Nervenkrankheit hatte jedoch vermutlich nichts mit seiner Leidenschaft und seinem Einfühlungsvermögen als Künstler zu tun. Van Goghs selbstzerstörerisches Verhalten führte im Jahre 1888 zu dem berühmt gewordenen Vorfall, dass er sich mit dem Rasiermesser einen Teil seines rechten Ohrs abschnitt.

Mit 37 Jahren nahm sich dieser unglückliche Mensch das Leben. Er war einer der großen Künstler, die die Menschheit hervorgebracht hat.

b) Schreiben Sie die Adverbien auf, die sich auf die Temporalangaben *zeit seines Lebens* und *in den letzten Lebensjahren* beziehen!

Eines der letzten Bilder van Goghs trägt den Titel „Kornfeld mit Krähen"; mitunter findet man auch die Bezeichnung „Krähen über dem Weizenfeld".

2
unterschiedliche Mittel zur Textverflechtung anwenden

Vincent van Gogh: Kornfeld mit Krähen. Gemälde, 1890

Ein Schüler schreibt über dieses Bild:

Das Bild stellt eine Landschaft dar. Vorn ist ein Weizenfeld zu sehen. Es ist von ausgetretenen Wegen durchzogen. Der mittlere Weg führt nach hinten.
Der Weizen ist gelb und reif, schon überreif. Eigentlich hat der Künstler das Feld freundlich gemalt. Der Weizen hat sicher viel Sonne erhalten.
Aber das Bild macht traurig. Es wirkt unheimlich, denn Scharen von Krähen lassen sich vorn auf dem Feld nieder. Sie kommen von oben aus einem dunklen, drohenden Himmel. Der gesamte hintere Teil des Bildes wird mit den dunklen Farben des Himmels ausgefüllt.
Das Bild verkündet Unheil.

a) Wie beurteilen Sie die inhaltliche Darstellung? Hat der Schreiber die Grundstimmung, die von dem Gemälde ausgeht, getroffen?
Ist seine Darstellung anschaulich?
b) Beurteilen Sie die sprachliche Gestaltung nach folgenden Gesichtspunkten:
   – Hat sich der Schreiber bemüht, begriffliche Variationen für die Substantive *Feld, Weizen* und *Bild* zu finden?
   – Welche räumlichen Beziehungen hat er ausgedrückt? Halten Sie sein Vorgehen dabei für gelungen? Begründen Sie Ihre Meinung!
c) Verändern Sie jene Sätze, die Ihrer Ansicht nach Ausdrucksmängel enthalten!
Tauschen Sie sich über Ihre Ergebnisse aus!

3 Innerhalb eines Textes kann Vorangegangenes mit Nachfolgendem durch Konjunktionen oder Fragepronomen miteinander verknüpft werden.

a) Vervollständigen Sie den folgenden Text, indem Sie fehlende Konjunktionen und Fragepronomen einsetzen!

Über Kreativität

Manche Wissenschaftler beklagen sich darüber, … zu viel Wert auf Auswendiglernen gelegt wird. Das Wichtigste ist häufig, … jemand eine richtige Antwort geben kann. Praktisches Denken und Logik werden oft höher geschätzt als Fantasie und Erfindungskraft. Sehr praktisch denkende Menschen machen sich nicht selten lustig darüber, … neue Ideen entwickelt werden, die nicht in ihr Denkschema passen. So wagt sich manch einer … nicht an Neues heran, … er glaubt, … er ausgelacht wird. Das kann man überwinden, … man sein Projekt einfach in Angriff nimmt. … man überzeugt ist von dem, … man machen will, hat man bereits einen wichtigen Schritt getan.

b) Tauschen Sie sich über die vorgenommenen Ergänzungen aus und überprüfen Sie, ob auftretende Unterschiede vertretbar sind!

auf die Zeitenfolge achten

4 Die folgenden Formulierungen stammen aus Schüleraufsätzen. Sie enthalten mehrere Verstöße gegen die Zeitenfolge.
Nennen Sie die Fehler! Wie würden Sie korrigieren?

(1) Vor kurzem sind meine bisher erlebnisreichsten Ferien zu Ende gegangen. Ich verbrachte drei Wochen in der Einöde, habe in dieser Zeit auf einem Gehöft in den Bergen gelebt und hatte dort dieselben Arbeiten zu verrichten wie der Bauer. Mit Maschinen kann der Bergbauer wenig ausrichten. Die Hänge waren zu steil. Hier war Muskelkraft gefragt. Noch niemals in meinem Leben habe ich so schwer gearbeitet.

(2) Mich fasziniert moderne Technik. Was ich neulich über den Zugverkehr der Zukunft las, war unglaublich: Magnetschwebebahnen, mit denen die Japaner schon gewisse Erfahrungen gesammelt hatten, können mit 500 km/h auch bald durch Europa rasen. Technisch hat man sich beim japanischen Modell zunutze gemacht, dass gleichgepolte Magnete einander abstoßen, sodass der Zug zwischen den Magnetfeldern schweben wird. Die in Deutschland geplanten Transrapidbahnen sollen auf einem anderen Prinzip beruhen.

die Modalität des Verbs beachten

5 Jeder Text – bzw. Teil eines Textes – hat einen bestimmten modalen Zuschnitt, in ihm kann z. B. Wirkliches oder auch nur Vorgestelltes dargestellt werden.

a) Welcher Modus – Indikativ oder Konjunktiv – müsste bei der Behandlung folgender Themen jeweils im Text vorherrschen?
Begründen Sie Ihre Entscheidung!

- Wenn ich einmal reich wär, …
- Lebewesen in unserem Garten – Beobachtungen
- Ich als Umweltminister(in) – was ich verfügen würde
- Hätte ich dir geglaubt, dann wäre mir das erspart geblieben

b) Wählen Sie ein Thema aus, das Sie vorzugsweise im Konjunktiv behandeln würden! Schreiben Sie einen entsprechenden Text!

c) Lesen Sie Ihren Text vor und lassen Sie die anderen einschätzen, ob Ihr Text in modaler Hinsicht in sich geschlossen ist!

Der folgende Text ist – grammatisch gesehen – zweigeteilt. Der erste Teil steht im Indikativ, im zweiten Teil wird der Konjunktiv verwendet.

6

a) Benennen Sie die Stelle, an der der Moduswechsel erfolgt! Begründen Sie den Wechsel!

Auf der Straße stauen sich die Fahrzeuge. „Wann geht es weiter?" „Was ist denn passiert?" So fragen die Leute. Benjamin weiß Bescheid: „Ich habe genau gesehen und gehört, was los war. Der rote Wagen fuhr mit großer Geschwindigkeit in die Kurve. Der Fahrer musste scharf bremsen und geriet auf die Linksspur. Dort kam ihm der Motorradfahrer entgegen und fuhr mit Wucht auf das Auto auf. Er war gleich bewusstlos. Bloß gut, dass ein Arzt in der Nähe war. Der Autofahrer wollte sich rechtfertigen. Er sagte, ihn treffe keine Schuld. Er hätte seine Geschwindigkeit der Streckenführung angepasst und er wäre nicht zu schnell in die Kurve gegangen. Der Motorradfahrer wäre viel zu weit auf der Straßenmitte gewesen." „Wer's glaubt, wird selig", sagte ein Mann. „Wenn das so wäre, dann müsste es sich ja feststellen lassen. Ich verstehe eines nicht: Der junge Mann hätte das Auto doch sehen müssen und an den Straßenrand ausweichen können. Ich denke, er war auch leichtfertig. Aber das soll die Polizei feststellen!"

b) Benjamin hätte die Aussage des Autofahrers vermutlich anders wiedergegeben, wenn er dessen Worten geglaubt hätte. Gehen Sie davon aus, dass Benjamin der Überzeugung ist, der Autofahrer ist im Recht, und formen Sie diesen Teil des Textes entsprechend um!

Wichtige Mittel der Verknüpfung in Texten sind **Vor- und Rückverweise**. Sie dienen als Steuerung beim Lesen, indem sie bereits erwähnte Inhalte zurückrufen bzw. neue Inhalte vorbereiten. Auf diese Weise wird der Aufbau des Textes „durchsichtiger".

Vor- und Rückverweise erfolgen mit Wörtern und Wendungen wie *im Folgenden; im Kommenden; nachfolgend; als Nächstes; im nächsten Abschnitt; weiterhin; nicht nur der genannte Aspekt, sondern auch der folgende; wie bereits dargestellt; aus Voranstehendem; wie gesagt; hieraus.*

Vor- und Rückverweise können weiträumig sein und das Verstehen umfangreicher Texte erleichtern. Sie können aber auch innerhalb kürzerer Textabschnitte verwendet werden.

7

a) In dem folgenden Textabschnitt sind Wörter und Wortgruppen unterstrichen, die verweisende Funktionen haben.
Stellen Sie im Einzelnen fest, ob es sich um Vor- oder um Rückverweise oder um beides handelt!
Was bewirken diese Verweise im Text?

El Dorado

Gold ist das kostbarste von allen Gütern. <u>Das</u> wusste schon Kolumbus. Südamerika war der Kontinent, wo der Hunger nach Gold gestillt werden sollte. <u>Diesem Vorhaben</u> kamen spanische Eroberer im 16. Jh. näher, nachdem sie durch die Legende <u>Folgendes</u> erfahren hatten:
Am Guatavitasee im Hochtal von Bogotá feierten die Indios immer dann, wenn ein neuer Häuptling in sein Amt eingeführt wurde, ein glanzvolles Fest. Der kreisrunde See war den Indios heilig, denn tief auf dem Grund wohnte nach ihrer Überzeugung eine Göttin, die sie verehrten. Ihr galt <u>die folgende Zeremonie:</u>
Der künftige Herrscher wurde entkleidet und über und über mit feinstem Goldpuder bedeckt. Durch das Gold sollte seine soziale Stellung sichtbar gemacht werden. <u>Aber diese Prozedur</u> war <u>noch nicht der Höhepunkt</u> des Festes. Der Herrscher wurde auf ein Floß geführt, auf dem man Berge von Gold anhäufte. In der Mitte des Sees wurden diese Reichtümer sodann versenkt. Es waren Opfergaben für die <u>bereits erwähnte Göttin</u>.

b) Lesen Sie einen weiteren Textausschnitt! Welche vor- und rückverweisenden Verknüpfungen finden Sie darin?

Altkolumbianische Figur
aus Gold,
15,2 cm hoch

Durch die Überlieferung der Legende wurde die Goldgier der Spanier und auch anderer Europäer entfacht. Das Verhängnis nahm seinen Lauf. Als Eroberer fielen sie über die Tempel her und raubten den Palast des Königs aus. Mehr noch: Sie brachten Tausende von Indios um. Ihre Goldgier konnten sie aber nicht befriedigen. Umso intensiver widmeten sie sich nun dem legendären Guatavitasee. Zunächst wurde auf primitive Weise versucht, den Wasserspiegel zu senken. Das geschah einmal dadurch, dass im Jahre 1545 Heerscharen von Indios mit Kürbisflaschen Wasser aus dem See schöpfen mussten. Zum anderen wurde 1580 eine tiefe Furche zum See gegraben, um das Wasser abzuleiten. Der Wasserspiegel sank hierbei stärker als beim ersten Versuch. Es konnten einige Kostbarkeiten aus dem Schlamm gezogen werden. Umso größer aber waren das Entsetzen und die Enttäuschung, als die angelegte Schlucht einstürzte.
Später versuchte man dann, mit größerem technischen Aufwand an die Schätze zu gelangen. Aber auch die Bemühungen einer britischen Gesellschaft im Jahre 1898 brachten nicht den erwarteten Erfolg. Die Göttin gab ihr Gold nicht frei.

a) Der folgende Textauszug enthält Vor- und Rückverweise! Nennen **8**
Sie diese!

[…] Aus Voranstehendem ist erkennbar, dass diese Stadt die anderen Industriezentren Südamerikas überflügelt hat. Hier sind riesige Unternehmen angesiedelt, die Massen von Arbeitskräften an sich ziehen. Fast alle kommen sie aus wirtschaftlich schwachen Regionen und hoffen auf eine Verbesserung ihrer Lebenssituation. Hieraus erwachsen die erwähnten sozialen Probleme.
In diesen Betrachtungszusammenhang gehört auch New York. Darauf soll im Folgenden kurz eingegangen werden.
In Manhattan, dem Mittelpunkt der City, mit dem berühmten Broadway, der Wall Street und dem World Trade Center konzentriert sich unsagbarer Reichtum. Unweit davon aber, im Stadtteil South Bronx, kann man das deprimierendste Beispiel eines Slums kennen lernen. Es ist ein Wohngebiet wie eingangs schon beschrieben – das Leben vieler hier wird durch Rauschgift, Alkoholismus und Kriminalität bestimmt. Tausende von Jugendlichen sind in so genannten Straßengangs organisiert.
Wenn nunmehr abschließend die anfänglich gestellte Frage beantwortet werden soll, worin die Ursachen für die außerordentlich hohen Kriminalitätsraten in amerikanischen Großstädten bestehen, so liegt die Antwort auf der Hand. Die gigantische Industrie und […]

New York,
Empire State Building

b) Obwohl der vorangegangene Textteil nicht abgedruckt ist, können Sie einiges über dessen Inhalt vermuten. Äußern Sie sich dazu!

a) Vor- und Rückverweise finden Sie oft auch in Lehrbüchern. Hier **9**
haben sie ganz spezifische Funktionen. Nennen Sie einige!
b) Lesen Sie die folgende Einleitung in den Abschnitt „Die Länder des mittleren Amerikas" aus einem Geographiebuch und nennen Sie die darin verwendeten vor- und rückverweisenden Formulierungen!
Auf welche Inhalte beziehen sich die Verweise? Welche Funktionen erfüllen sie?

Du hast bereits die große Vielfalt von natürlichen Verhältnissen in Amerika kennen gelernt. Du hast erfahren, dass es in Amerika sehr unterschiedliche Länder gibt. Die Länder des mittleren Amerikas sind ein Spiegelbild dieser großen Unterschiedlichkeit. Du wirst im Folgenden ein so großes und wirtschaftlich bedeutendes Land wie Mexiko, aber auch Inseln im Karibischen Meer kennen lernen, z. B. Kuba als größte Insel der Großen Antillen.

c) In dem folgenden Textabschnitt ist ein Wort enthalten, das zugleich rück- und vorverweist. Welches Wort ist das? Versuchen Sie zu erklären, inwiefern hier ein Verweis nach beiden Seiten hin erfolgt!

Unter den Ländern Lateinamerikas nimmt Kuba eine besondere Stellung ein. In den vergangenen Jahrzehnten gelang es dort, beachtenswerte Leistungen zu vollbringen. Andererseits steht das Land vor großen Problemen.

Sprachgeschichte – Sprachentwicklung

Das Deutsche als europäische und indoeuropäische Sprache

das Deutsche als indoeuropäische Sprache

Das **Deutsche** ist nur eine von vielen Sprachen, die auf unserer Erde gesprochen werden. Es hat sich wie alle Sprachen aus einfachen Formen zu einem komplexen Verständigungsmittel entwickelt und steht in der Nachbarschaft zu anderen Sprachen. Diese Nachbarschaft hat zur Folge, dass das Deutsche durch andere Sprachen – besonders durch das Englische und Französische – in Vergangenheit und Gegenwart beeinflusst wurde und wird. Das bedeutet aber auch, dass das Deutsche nicht ohne Einfluss auf seine benachbarten Sprachen ist.

Man kann gegenwärtig auf der Welt mit nahezu 4000 lebenden Sprachen rechnen. Etwa 100 Millionen Menschen sprechen Deutsch. Das Deutsche nimmt sich jedoch vergleichsweise bescheiden aus, vergleicht man seine Verbreitung mit anderen Sprachen, z. B.:

Chinesisch	1 Mrd.
Englisch	350 Mill.
Spanisch	350 Mill.
Russisch	150 Mill.

In Europa ist Deutsch jedoch neben dem Französischen, Englischen, Russischen und Spanischen eine der weit verbreiteten Sprachen und es behauptet heute neben dem Französischen, das im 17./18. Jh. stark vorherrschte, und dem Englischen, das sich heute zur Weltsprache entwickelt hat, seinen Platz als eine der europäischen Verkehrssprachen. Nach dem Zweiten Weltkrieg war das Interesse an der deutschen Sprache europaweit zurückgegangen; viele Länder, in denen Deutsch als erste Fremdsprache gelehrt wurde, wechselten zum Englischen über. Erst in den letzten beiden Jahrzehnten, bedingt durch die wirtschaftliche Bedeutung unseres Landes, wächst das Interesse an der deutschen Sprache wieder.

1 Versuchen Sie zu ermitteln, in welchen Ländern Englisch, wo Französisch und wo Spanisch gesprochen wird!

2 a) Warum, glauben Sie, konnte sich das Englische zur Weltsprache entwickeln?
b) Welche Rolle spielt das Englische in unserem Alltag? Geben Sie Beispiele!

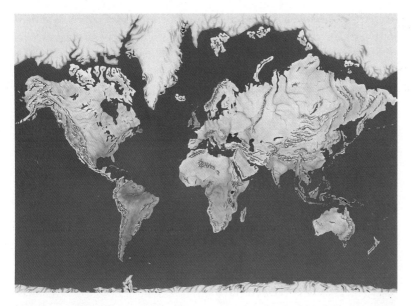

Weltkarte. Computergrafik

Welchen Grund gibt es dafür, dass die südamerikanischen Länder auch unter dem Begriff *Lateinamerika* zusammengefasst werden? **3**

Das Deutsche ist eine **germanische Sprache**. Dies hat es gemein mit dem Englischen, Niederländischen, Afrikaans (das Niederländische in Südafrika), dem Dänischen, Schwedischen, Norwegischen und dem Isländischen.

Französisch, Italienisch und Spanisch, Portugiesisch und Rumänisch gehören zu den **romanischen Sprachen**, sie leiten sich vom Lateinischen ab.

Polnisch, Tschechisch, Slowakisch, Slowenisch, Serbisch, Kroatisch, Ukrainisch, Russisch und die baltischen Sprachen Litauisch und Lettisch gehören zur Familie der **slawischen Sprachen**.

Das Finnische, Estnische und Ungarische bilden eine Ausnahme, sie sind nicht mit den übrigen europäischen Sprachen verwandt; ihr Ursprung liegt in Sibirien und sie werden unter dem Begriff **finnisch-ugrische Sprachen** zusammengefasst.

Die germanischen, romanischen und slawischen Sprachen weisen eine ähnliche Struktur auf, sie gehen auf einen gemeinsamen sprachlichen Urtypus zurück und die Untersuchung ihrer verwandtschaftlichen Zusammenhänge hat seit dem vorigen Jahrhundert dazu geführt, sie als **indoeuropäische** (auch **indogermanische**) **Sprachen** zu klassifizieren. Zur indoeuropäischen Sprachfamilie gehören neben den bereits genannten Sprachen auch das Albanische, das Armenische, das Griechische, das Indo-Iranische (Hindi, Bengali, Persisch, Kurdisch u. a.) und das Keltische, das heute noch in Irland, auf Wales und in Schottland lebendig ist.

4 Setzen Sie sich mit dem im Rahmen auf Seite 165 Gesagten auseinander! Versuchen Sie die europäischen Sprachen in einer grafischen Übersicht darzustellen!

5 Für Experten: Versuchen Sie zu ergründen, wie Niederländisch und Afrikaans zusammenhängen!

6 Das Sorbische wird von einer sprachlichen Minderheit gesprochen. Können Sie erklären, was das heißt?
Versuchen Sie herauszufinden, wo Menschen leben, die Sorbisch sprechen!

Landstraße mit zweisprachigem Ortsschild

7 Das Deutsche hat große Ähnlichkeit mit anderen germanischen Sprachen. Dies betrifft sowohl den Wortschatz, das Lautsystem als auch den Sprachbau:

dt.	*Haus*	*Tür*	*gehen*
engl.	*house*	*door*	*go*
schwed.	*hus*	*dörr*	*gå*

Stellen Sie englische und deutsche Wörter zusammen, die Ihnen verwandt erscheinen!
Tauschen Sie sich über Ihre Ergebnisse aus!

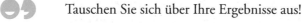

Standardsprache, Regiolekt, Dialekt

Wenn von der deutschen Sprache die Rede ist, so wird mancher vielleicht darunter die Form des Deutschen verstehen, die er beherrscht und die er für die allgemein gültige Form hält, aber das Deutsche ist keine einheitliche Sprache. Es existiert in mehreren verschiedenen Formen, die nicht von allen gleichermaßen beherrscht werden.

166

Die wohl geläufigste, in der Öffentlichkeit, in amtlichen Verlautbarungen verwendete, in Presse, Rundfunk und Fernsehen angewandte und von unseren Schriftstellern gepflegte Sprachform ist die deutsche **Standardsprache**, die sich im Verlauf von vielen Jahrhunderten als Einheitsform herausgebildet hat und die Nation sprachlich nach außen repräsentiert. Sie ist zugleich die Verkehrssprache in unserem Land, d. h., sie ermöglicht die Verständigung über die Regionen hinweg. Und diese Standardsprache wird in der Regel von Ausländern auch als Fremdsprache gelernt.

Als eine über die Jahrhunderte gewachsene Sprachform ist die Standardsprache immer auch Veränderungen unterworfen gewesen, sie hat sich entwickelt und sie entwickelt sich ständig mit uns. Dies bedeutet jedoch nicht, dass sie sich unkontrolliert, ganz dem Selbstlauf überlassen entwickelt. Die Standardsprache ist eine bewusst gestaltete Sprachform, deren Normen in Regelwerken und Nachschlagewerken festgeschrieben sind, in Grammatiken, Rechtschreibbüchern und in Wörterbüchern der verschiedensten Art. Diese Festschreibung garantiert ihre Stabilität. Die Standardsprache wird auch in der Schule gelehrt, damit jeder in die Lage versetzt wird, sich in dieser überregionalen Form auszudrücken und sich mit ihrer Hilfe zu informieren.

Trotzdem kann die Standardsprache mitunter nicht das leisten, was der **Regiolekt** – die mehr oder weniger regional begrenzte und aus dem Dialekt entstandene Umgangssprache – und der **Dialekt** – die urtümliche und ursprüngliche Sprache der Deutschen, die aus den Stammessprachen erwachsen ist – bewirken können: Familiäre, soziale und regionale Bindungen werden durch sie häufig besser und schneller hergestellt und erkannt, als es die Standardsprache vermag. Wer als Fremder beispielsweise in einer ländlichen Gegend die Standardsprache verwendet, kann schnell als nicht zugehörig erkannt werden. In unteren sozialen Schichten wird Standardsprache oft als „zu fein" oder „zu vornehm" interpretiert und der Sprecher wird sofort einer anderen, meist höheren Schicht zugeordnet. Andererseits kann die mangelnde Beherrschung der Standardsprache zu Behinderungen in der beruflichen Entwicklung führen, da die Ausbildung auf eben dieser Sprachebene erfolgt und auch die berufliche Fachsprache Teil der Standardsprache ist. Das heißt, der Regiolekt und der Dialekt vermögen wiederum nicht, das zu leisten, was die Standardsprache leistet: Sie sind räumlich begrenzt und weisen in der Aussprache, in der Struktur und im Wortschatz Eigenheiten auf, die von Vertretern anderer deutscher Sprachlandschaften nicht oder nur bedingt verstanden werden. So können Regiolekt und Dialekt außerhalb ihrer Sprachräume zu Behinderungen sowohl des Sprechers als auch des Hörers führen, wenn beide miteinander sprachlich Kontakt haben.

8 Die folgende Geschichte hat sich wirklich zugetragen:

Eine Berliner Familie verbringt ihren Urlaub in einem Dorf in Mecklenburg-Vorpommern. Der jüngste Sohn *Reiner* freundet sich mit einem mecklenburgischen Jungen an, der ihn ständig mit *Reinä* anredet. Der Berliner beschwert sich darüber: „Ick heeß nich *Reinä*, ick heeß *Reina!*"

Meinen Sie, dass es zu Verständigungsschwierigkeiten kommen kann, wenn z. B. ein Sachse und ein Berliner miteinander reden und sich dabei ihrer Umgangssprache bedienen? Vielleicht haben Sie selbst Erfahrungen auf diesem Gebiet gesammelt. Sprechen Sie darüber!

Während die Standardsprache schriftlich und mündlich verwendet werden kann, werden Regiolekt und Dialekt heute überwiegend mündlich gebraucht. Die Dialekte gehen, aufs Ganze gesehen, zugunsten von großräumigen Umgangssprachen zurück. Gegenbewegungen, z. B. die Verwendung bairischer, kölnischer oder niederdeutscher Schlagertexte oder auch Theateraufführungen, z. B. auf niederdeutschen Bühnen, widerlegen dies nicht. In Brandenburg z. B. ist der niederdeutsche Dialekt fast gänzlich von der Berliner Umgangssprache verdrängt, in Bayern dagegen hat der Dialekt noch seine Funktion als mündliches Verständigungsmittel erhalten.

Die Mehrheit der Deutschen beherrscht heute keinen Dialekt mehr, wohl aber eine regional gefärbte Umgangssprache. Durch sie steigt Landschaftliches in die Standardsprache auf, wird die Standardsprache ständig bereichert und belebt. Wörter wie *Feudel, flutschen, kokeln, doof* waren einmal landschaftlich begrenzt, werden heute aber mündlich als Wörter der Standardsprache verwendet. Regiolekte beeinflussen auch die Normen der Aussprache. So werden z. B. *Mathematik, Bauxit, Physik* u. Ä. in Mitteldeutschland in der Endsilbe kurz ausgesprochen, im Norden jedoch lang. Der *Salat* wird in Mitteldeutschland auf der ersten Silbe betont, im Norden auf der Endsilbe.

In der Literatur werden Regiolekte oft zur landschaftlichen Charakterisierung der Figuren eingesetzt. Auch dadurch gelangt viel Sprachgut in die Allgemeinsprache und damit in die Standardsprache.

9 Wie unterhalten Sie sich z. B. in der Pause auf dem Schulhof, zu Hause in der Familie oder mit Freunden und wie sprechen Sie, wenn Sie z. B. einen Kurzvortrag vor der Klasse halten?
Nennen Sie Unterschiede und erklären Sie, warum das so ist!

Soziale Differenzierungen (Soziolekte): Gruppen-, Berufs- und Fachsprachen

Soziolekte:

Es gibt Bereiche der Standardsprache und des Regiolekts, die ausschließlich sozial bedingt sind und durch soziale Gruppen oder Berufsgruppen entwickelt wurden. Man spricht hierbei von **Gruppensprachen** (z. B. Jugendsprache, Soldatensprache), von **Berufssprachen** (z. B. Jägersprache) und **Fachsprachen** (z. B. Fachsprache der Chemie, Elektrotechnik).

Grundlage dieser Sprachen ist die Standardsprache, aber auch die Umgangssprache. Auf dieser Basis haben sich Wörter und Wendungen herausgebildet, die nur oder überwiegend von Vertretern der betreffenden Bereiche und Berufszweige benutzt werden. Sie bilden Sprachen in der Sprache.

Am deutlichsten entwickeln sich die Fachsprachen und sie werden bewusst gestaltet. Ungesteuert entwickelt sich dagegen die **Jugendsprache**, sie ist auch am auffälligsten und ihr schenken die Sprachforscher heute besondere Aufmerksamkeit. Wie alle Soziolekte ist auch die Jugendsprache gruppenspezifisch, d. h., sie dient der Verständigung der Glieder einer Gruppe untereinander und gleichzeitig zur Abschirmung gegen andere Gruppen, insbesondere gegen die Welt der Erwachsenen. Damit ist die Jugendsprache zugleich auch ein Ausdruck der spezifischen Jugendkultur, die sich in der Vorliebe für bestimmte Musik, Kleidung und in der Beurteilung der sozialen Umwelt äußert. Man gibt sich lässig, überlegen, schlagfertig und witzig und benutzt bestimmte Wörter, die neu geprägt oder in einer neuen Bedeutung verwendet werden, z. B. *geil, affengeil, ätzend, cool, irre, tierisch, super, logo, (ist) gebongt, anmachen, keinen Bock haben, auf etwas* oder *jemanden abfahren, Grufti, Greis, Tussi, waouh*. Mit diesen Wörtern, die oft und schablonenhaft verwendet werden, wird zumeist eine durch das Gefühl bestimmte Haltung oder Steigerung ausgedrückt. Die Jugendsprache ist kreativ und weist gegenwärtig eine gewisse Häufigkeit angloamerikanischer Fremdwörter auf, z. B. *cool, happy, high, checken, action, feeling*. Die Besonderheiten betreffen also vor allem den Wortschatz, nicht die Aussprache oder den grammatischen Bau. Jugendsprachlicher Wortschatz ist meist kurzlebig; er wechselt von Generation zu Generation (früher sagte man z. B. *dufte* und *knorke*) und wird meist nicht mit ins Erwachsenenalter übernommen.

– **Jugendsprache**

Ich hab echt keinen Bock mehr auf Sch...

cooler, affengeiler Typ

Nennen Sie Ausdrücke, die Sie nur im Umgang mit Gleichaltrigen benutzen, und erklären Sie, was sie bedeuten, was Sie damit ausdrücken wollen! Prüfen Sie, ob Sie diese Ausdrücke im Duden finden!

10

11   a) Suchen Sie nach einem literarischen Text, in dem Jugendsprache verwendet wird, und stellen Sie ihn in der Klasse vor!
Versuchen Sie die Ausdrücke aus der Jugendsprache durch entsprechende Ausdrücke aus der Standardsprache zu ersetzen!

b) Wählen Sie einen geeigneten Text der Standardsprache und versuchen Sie ihn jugendsprachlich umzusetzen!

– **Berufssprachen**

> Berufssprachen und Fachsprachen dienen der Verständigung im Berufsleben und innerhalb der Fachdisziplinen. Beide unterscheiden sich dadurch, dass die **Berufssprache** neben dem Fachlichen auch die soziale Seite des Umgangs miteinander widerspiegelt. Sie umfasst darüber hinaus auch den **Fachjargon**, die nicht offizielle Ausdrucksweise der Fachleute, z. B. sagen Filmleute *ist gestorben*, wenn eine Szene abgedreht ist, und dies ist kein Fachausdruck, sondern eine umgangssprachliche Variante des Fachwortschatzes, ein **Jargonismus**.
>
> Eine typische Berufssprache ist die Jägersprache, in der sich der Umgang mit der Tierwelt in einer sehr bildhaften Weise sprachbildend ausgewirkt hat: Für *Ohren* sagt man z. B. *Löffel*, für *Augen* (Reh, Hase) *Lichter*.
>
> Berufssprachen sind historisch gewachsen und älter als die modernen Fachsprachen und der historisch gewachsene berufliche Wortschatz ist durch die Jahrhunderte auch relativ konstant geblieben, so z. B. die Bezeichnung von Werkzeugen, wie *Bolzen, Mutter, Schraubenzieher, Schraubenschlüssel, Fuchsschwanz, Kuhfuß* u. Ä.

12 In dem Sachbuch „Rat für jeden Gartentag" heißt es:

> Steinobst schneidet man etwas stärker zurück als Kernobst. Zum Aufbau der Krone genügen außer dem Mitteltrieb 3 bis 4 Seitentriebe […] Jeder Trieb wird dicht über dem Auge geschnitten, das nach außen zeigt.

a) Nennen Sie Begriffe aus diesem Text, die Sie zur Berufssprache des Gärtners rechnen! Erklären Sie die Bedeutung dieser Begriffe!

b) Überlegen Sie, ob Ihnen noch andere berufssprachliche Begriffe aus dem Bereich des Gartenbaus bekannt sind!
Notieren Sie solche Begriffe und erläutern Sie ihre Bedeutung mündlich!

c) Nennen Sie berufssprachliche Begriffe aus dem Bauwesen, dem Tischlerhandwerk oder einem anderen Bereich!

13   a) Stellen Sie Begriffe aus verschiedenen Berufssprachen zusammen und erklären Sie sie!

b) Versuchen Sie diese Begriffe durch Wörter der Alltagssprache zu ersetzen! Begründen Sie, wenn Sie meinen, dass dies nicht möglich ist!

Im Unterschied zu den Berufssprachen, in denen nicht die normierten Fachausdrücke (Termini) vorherrschen, sind die **Fachsprachen** ein bewusst gestaltetes, wissenschaftlich orientiertes Begriffssystem.

Fachausdrücke (Termini) sind definierte Begriffe, d. h. inhaltlich genau festgelegte Wörter. Diese Wörter bilden ein System neben der Allgemeinsprache. Fachausdrücke sind auf das jeweilige Fachgebiet beschränkt. Sie sind von den Fachleuten des Fachbereichs geschaffen und für alle Vertreter des Fachs verbindlich. Sie garantieren dadurch eine klare Verständigung innerhalb des Fachbereichs.

Fachsprachen sind Fachwortschätze, d. h., sie haben keine eigene Grammatik und keine besonderen Ausspracheregeln, sie stellen lediglich ein System von Wörtern dar. Sie haben auf bestimmten Gebieten einen gewaltigen Umfang angenommen. So wird der Fachbereich der Chemie auf zwei Millionen Fachwörter geschätzt, nicht geringer der der Medizin. Dabei handelt es sich vor allem um Substantive, seltener um Adjektive und Verben. Der Grund dafür ist, dass vor allem Gegenständliches, Abstraktes, Vorgänge und Zustände benannt werden, und dies geschieht vorwiegend durch Substantive.

Aber auch Fachwortschätze haben keine ewige Gültigkeit. Wir können heute beobachten, dass oft ältere Fachwörter durch neue abgelöst werden, aber noch lange neben den neuen in der Allgemeinsprache im Gebrauch sind, z. B. *Gelbsucht* neben *Hepatitis, Lungenentzündung* neben *Pneumonie, Kinderlähmung* neben *Poliomyelitis, Krebs erregend* neben *kanzerogen* oder *karzinogen*.

Fachsprachen und Allgemeinsprache bestehen aber nicht völlig isoliert nebeneinander: Einerseits basieren die Fachsprachen auf der Allgemeinsprache, andererseits beeinflussen sie den Wortschatz der Allgemeinsprache, denn ein gewisser Anteil des Fachwortschatzes findet Eingang in die Allgemeinsprache. Auch *Radio* war einmal ein Fachwort und selbst Wörter wie *Elektronenrechner, Elektronenblitz, Parameter, Parallele* sind heute bereits Wörter des Alltagswortschatzes.

a) Suchen Sie aus dem folgenden Text die Wörter heraus, die Sie für Fachwörter halten!

14

Der Kolben ist durch eine Anzahl Kolbenringe gut gegen die Zylinderwand abgedichtet. Er überträgt seine Bewegung durch eine Pleuelstange mit Kurbel auf die Kurbelwelle und das Schwungrad. Vorn ist der Zylinder durch einen Deckel, den [...] Zylinderkopf, abgeschlossen [...] Das Öffnen und Schließen der Ventile erfolgt von einer Steuerwelle aus mithilfe von Hebelgestängen und Nockenscheiben.

b) Versuchen Sie einmal, die Fachwörter mithilfe von Wörtern der Allgemeinsprache zu umschreiben! Was stellen Sie fest?

Übersicht über die verwendeten grammatischen Bezeichnungen

	deutsche Bezeichnung	Beispiele
Adjektiv	Eigenschaftswort	schön, gelb, hoch
Adverb	Umstandswort	
Lokaladverb	des Ortes	dort, hier, fort
Temporaladverb	der Zeit	gestern, immer, oft
Modaladverb	der Art und Weise	so, anders, gern
Kausaladverb	des Grundes	deshalb, darum, folglich
Adverbialbestimmung/	Umstandsbestimmung	
Adverbiale		
lokal	des Ortes	Wir wohnen *dort*.
temporal	der Zeit	Er ist *um 6 Uhr* aufgestanden.
modal	der Art und Weise	Ich komme *schnell* nach Hause.
kausal	des Grundes	*Wegen des schlechten Wetters* fiel das Spiel aus.
Akkusativ	4. Fall	den Mann; ihn
Aktiv	Tatform	Er *schreibt*.
Antonym	Gegenwort	groß – klein, Luv – Lee
Apposition	nachgestellte nähere Bestimmung	Johannes, *mein großer Bruder*, …
Artikel	Geschlechtswort	der, die das; ein, eine, ein
Attribut	Beifügung	der *kleine* Junge; die Jacke *des Jungen*; das Haus *dort*; der Tisch *am Fenster*
Dativ	3. Fall	dem Mann; ihm
deklinieren	ein Substantiv beugen	der Junge, des Jungen, dem Jungen, …
(Deklination)		
Demonstrativpronomen	hinweisendes Fürwort	*Das* ist alles.
direkte Rede	wörtliche Rede	Er fragt: „*Kommst du mit?*"
finite Verbform	gebeugte Verbform	ich *lese*, du *gibst*, wir *erzählen*
Futur	Zukunft	ich werde singen, er wird laufen
Genitiv	2. Fall	des Mannes; seiner
Imperativ	Befehlsform	Geh! Geht! Kommen Sie!
Imperfekt/Präteritum	Vergangenheit	ich sang, er lief
Indikativ	Wirklichkeitsform	er *geht*; sie *kam*
indirekte Rede	nichtwörtliche Rede	Er fragte, *ob sie mitkomme*.
Infinitiv	Nennform des Verbs	lesen, geben, erzählen
Initialwort	aus den Anfangsbuchstaben mehrerer Wörter gebildetes Kurzwort	ARD, EU, HNO
Interjektion	Empfindungs- oder Ausrufewort	ach, o weh, oh
Kasus	Fall	
Komparativ	Mehrstufe; 1. Steigerungsform	schöner, höher, gelungener
komparieren	steigern	schön, schöner, am schönsten
(Komparation)		
konjugieren	ein Verb beugen	ich hole, du holst, er holt, …
(Konjugation)		
Konjunktion	Bindewort	und, oder, als, dass
Konjunktiv	Möglichkeitsform	er *gehe*; sie *käme*
Modus/Modi	Aussageweise/n	

	deutsche Bezeichnung	Beispiele
Nomen/Substantiv	Dingwort, Hauptwort, Namenwort	Stadt, Freude, Glück
nominalisieren/ substantivieren	zu einem Dingwort machen	das *Läuten* der Glocke, etwas *Neues* hören
Nominativ	1. Fall	der Mann; er
Numerale	Zahlwort	eins, zwei; erster, zweiter
Objekt	Ergänzung	Ich danke *dir*. Siehst du *das Haus*?
Partikel	unveränderbares Wort	dort; in; und
Partizip	Mittelwort	lachend; gelacht
Passiv	Leideform	Der Brief *wird geschrieben.*
Perfekt	vollendete Gegenwart	ich habe gesungen, er ist gelaufen
Personalpronomen	persönliches Fürwort	ich, du, er, wir, ihr, sie
Plural	Mehrzahl	die Schüler, die Frauen, die Häuser
Plusquamperfekt	vollendete Vergangenheit	ich hatte gesungen, er war gelaufen
Positiv	Grundstufe	schön, hoch, gelungen
Possessivpronomen	besitzanzeigendes Fürwort	mein, dein, sein, unser, euer, ihr
Prädikat	Satzaussage	Der Junge rennt. Er *ist gerannt.*
Prädikativ	Teil der Satzaussage	Sie ist *fleißig.* Er wird *Arzt.*
Präfix	Vorsilbe	*be-, ent-, er-, ver-, un-*
Präposition	Verhältniswort	an, neben, während, ohne
Präpositionalattribut	mit einer Präposition eingeleitete Beifügung	die Bank *vor dem Haus*, der Brief *an ihn*
Präpositionalobjekt	Ergänzung mit Verhältniswort	sich *an ihn* erinnern
Präsens	Gegenwart	ich singe, er läuft
Präteritum/Imperfekt	Vergangenheit	ich sang, er lief
Pronomen	Fürwort	er; dieser; sein
Reflexivpronomen	rückbezügliches Fürwort	sich
Relativpronomen	bezügliches Fürwort	der Junge, *der/welcher* …
Singular	Einzahl	der Schüler, die Frau, das Haus
Subjekt	Satzgegenstand	*Der Junge* rennt. *Die Freunde* sahen sich wieder.
Substantiv/Nomen	Dingwort, Hauptwort, Namenwort	Stadt, Freude, Glück
substantivieren/ nominalisieren	zu einem Dingwort machen	das *Läuten* der Glocke, etwas *Neues* hören
Suffix	Nachsilbe	*-heit, -keit, -ung; -ig, -lich, -isch*
Superlativ	Meiststufe; 2. Steigerungsstufe	am schönsten, am höchsten, am gelungensten
Synonym	bedeutungsgleiche oder -ähnliche Bezeichnung	Sonnabend – Samstag; sagen – sprechen – reden

Syntax
  syntaktisch
	Lehre vom Satzbau
	  den Satzbau betreffend	

Tempus	Zeitform	
Terminus	genau definiertes Fachwort	*Volt* ist die Einheit der elektrischen Spannung: $1\,V = 1\,W/1\,A$
Transformation	Umformung	Er hat versprochen *zu üben.* → *..., dass er übt.*
Verb	Zeitwort, Tätigkeitswort	rufen, schwimmen, telefonieren

Quellenverzeichnis

Texte:

6 Hohenschönhauser Lokalblatt, Nr. 43, Dez. 1994 – **8 f.,** **12** Nach: Hohenschönhauser Lokalblatt, Nr. 44, Jan. 1995 – **14** Nach: Guten Morgen. In: Berliner Zeitung v. 10. 1. 1996, S. 1 – **17 f.** Nach: Geschonneck, Fina: Job und Wohnung wünsche ich mir. In: Berliner Zeitung v. 9./10. 12. 1995 – **22 ff.** Wege, Karla: Wetter – Ursachen und Phänomene. Stuttgart: Franckh-Kosmos, 1992, S. 58, 60 f., 68 f., vordere Umschlagklappe – **41, 42** Nach: Wichert, Adalbert: Hat der Computer ein Geschlecht? In: Herkunft, Geschlecht und Deutschunterricht. Hrsg. v. Angelika Linke u. Ingelore Oomen-Welke. Freiburg i. Br.: Fillibach Verl., 1995, S. 211 – **45 f.** Appell von Kinder- u. JugendbuchautorInnen in der Bundesrepublik Deutschland. In: ide, 1/94, S. 45 f. – **46 f.** Stock, Ulrich: Manchmal sind wir so wütend (Interview). In: DIE ZEIT v. 18. 6. 1993 – **48** Zwei Generationen. In: Aufsatzstudie Ost von 1991. Erhoben v. Bodo Friedrich und Marina Kreisel. Unveröffentlicht – **50 f.** Heine, Heinrich: Belsatzar. In: Heinrich Heine. Sämtliche Schriften, Bd. 1. Hrsg. v. Klaus Briegleb. München: Hanser Verl., 1976, S. 54 ff. – **53 f.** Briegleb, Klaus: Kommentar. In: Heinrich Heine. Sämtliche Schriften, Bd. 2. Hrsg. v. Klaus Briegleb. München: Hanser Verl., 1976, S. 696 – **54 f.** Dürrenmatt, Friedrich: Der Richter und sein Henker. Zürich, Einsiedeln: Benziger Verl., 1953 (© 1985 by Diogenes Verl. AG Zürich) / (© Arena) – **56 f.** Torberg, Friedrich: Der Schüler Gerber. München: Dt. Taschenbuch Verl., 1973, S. 12 f. (© 1958 Paul Zsolnay VerlagsGmbH, Wien/ Hamburg) – **58** Bobrowski, Johannes: Litauische Claviere. Berlin: Union Verl., 1966, S. 106 f. – **59** Brecht, Bertolt: Erinnerung an die Marie A. In: Gesammelte Werke in 20 Bänden, Bd. 8. Frankfurt/Main: Suhrkamp Verl., 1967, S. 232 – **59** Brězan, Jurij: Geschichten vom Wasser. Berlin: Verl. Neues Leben, 1986, S. 55 – **64, 129** Brecht, Bertolt: Der Rauch. In: Gesammelte Werke in 20 Bänden, Bd. 10. Frankfurt/Main: Suhrkamp Verl., 1967, S. 1012 – **68** Heym, Stefan: Der kleine König, der ein Kind kriegen musste. Berlin: Buchverl. Der Morgen, 1985, S. 7 f. (© Stefan Heym) – **69 f.** Steuerfachangestellte(r). In: Studien- u. Berufswahl 1996/97. Hrsg. v. Bund-Länder-Kommission für Bildungsplanung u. Forschungsförderung und Bundesanstalt für Arbeit. Bad Honnef: Karl Heinrich Bock, S. 418 – **76 f.** Nach: Berufsalltag ist schon was anderes. In: Abi-Berufswahl-Magazin. Hrsg. v. d. BfA Nürnberg. Mannheim: Transmedia, Projekt + Verlagsgesellschaft, S. 28 f. – **78 f.** Nach: Heft, Andreas: Max Frisch: „Andorra". Ein Vorschlag für den Unterricht im neunten Schuljahrgang. In: Deutschunterricht 48, (1995), Heft 3, S. 123 ff. – **95** Nach: Claaßen, Klaus:

Hachinohe 1994, Kobe 1995, Tokio ???? Unterrichtsmaterialien zur Erdbebensituation in Japan. In: Praxis Geographie, Heft 4, 1994, S. 50 ff. – **96** Paulsen, Andreas: Eigentum und Vertrag. In: Allgemeine Volkswirtschaftslehre, Bd. I. Berlin: Walter de Gruyter & Co., 1969, S. 42 – **97 u. 98** Bürgerliches Gesetzbuch: § 110 u. § 2. München: Dt. Taschenbuch Verl., 1993, S. 20 u. 6 – **98** I. Die Grundrechte, Artikel 11. In: Die Verfassung von Berlin und das Grundgesetz für die Bundesrepublik Deutschland. Hrsg. v. d. Landeszentrale für politische Bildungsarbeit, Berlin. 1993, S. 39 – **98** Niederlassungsfreiheit. In: Avenarius, Hermann: Kleines Rechtswörterbuch. Hrsg. v. d. Bundeszentrale für Politische Bildung, Bonn. Freiburg i. Br.: Verl. Herder, 1991, S. 327 – **99** Nach: Pilz, G. A.: Fairplay – Wandlungen eines sportlichen Ideals. In: FAIRhalten. Materialien zur Fairnesserziehung in der Schule. Hrsg. v. d. Deutschen Olympischen Gesellschaft. 1991, S. 152 – **100 f.** Sucht und Drogen. Hrsg. v. d. Hauptstelle gegen die Suchtgefahren e. V. (DHS), Hamm u. d. Fachverband Drogen und Rauschmittel e. V. (FDR), Hannover – **101** Unsere Kinder frei von Drogen? Grundlinien einer Konzeption zur Vorbeugung und Verhütung von Missbrauchverhalten. Hrsg. v. d. Bundeszentrale für gesundheitliche Aufklärung, Köln. S. 6 f. – **102** Nach: Pfennig, David W. u. Sherman, Paul W.: Verwandtenerkennung bei Tieren und Pflanzen. In: Spektrum der Wissenschaft, Heft 8, 1995, S. 60 ff. – **103 ff.** Nach: Zittlau, Jörg: Ein Lufthauch, der viel über unser Leben verrät: der Atem. In: P. M. Peter Moosleitners interessantes Magazin. München: Gruner + Jahr, 1995, S. 38 ff. – **109, 110 f., 111 ff., 117** Nach: Gööck, Roland: Die letzten Rätsel dieser Welt. Gütersloh: Praesentverl. Heinz Peter, 1990, S. 16 f. u. 154 ff. – **125** Gauger, Hans-Martin u. Österreicher, Wulf: Sprachgefühl und Sprachsinn. In: Sprachgefühl? Vier Antworten auf eine Preisfrage. Heidelberg: Verl. Laubert Schneider, 1982, S. 35 – **129** Henningsen, Jürgen: Bedingungsformen. In: bundes deutsch. Lyrik zur sache grammatik. Hrsg. v. Rudolf Otto Wiemer. Wuppertal: Peter Hammer Verl., 1974, S. 143 – **134** Mecklenburg: Ein Anekdotenbuch. Hrsg. v. Jürgen Borchert. Rostock: Hinstorff, 1984, S. 78 f. – **139 f.** Nach: Schröder, Ralf: Lübeck – lebendiges Denkmal der Hansezeit. In: Natur, Kultur und Historie. Reise durch eine norddeutsche Ferienlandschaft. Hrsg. v. d. Werbegemeinschaft der Städte Hansestadt Lübeck, Hansestadt Wismar, Schwerin u. Hansestadt Rostock. Eutin: struve-druck, 1991, S. 2 – **142** Nach: Anzeige in: DIE ZEIT v. 4. 10. 1996, S. 6 – **143** Gaarder, Jostein: Sofies Welt. München/Wien: Hanser Verl., 1993, S. 19 f. – **144** Nach: Manz, Hans: Was

Worte alles können. In: Die Welt der Wörter. Weinheim/Basel: Beltz & Gelberg, 1991, S. 224 – **144** Tucholsky, Kurt: Mir fehlt ein Wort. In: Gesammelte Werke in 10 Bänden, Bd. 7. Reinbek: Rowohlt, 1975, S. 189 – **145** Luther, Martin: Sendbrief vom Dolmetschen. Hrsg. v. Karl Bischoff. Halle: Max Niemeyer, 1951, S. 15 – **146** Buscha, Annerose u. Joachim: Wortspielereien. Leipzig: Bibliogr. Inst., 1986, S. 33, 173 f., 15 – **150 f.** Nach: Eicke, Ulrich / Eicke, Wolfram: Medienkinder. München: Th. Knaur Nachf., 1996, S. 153 u. 156 f. (© 1994 von dem Knesebeck GmbH & Co. VerlagsKG München) – **158** Nach: Das Genie des Vincent van Gogh. In: Wunder und Rätsel der menschlichen Psyche. Stuttgart: Verl. Das Beste, 1992, S. 185 – **162** Nach: Der Traum von El Dorado. In: Das große Jugendbuch. 32. Folge. Stuttgart · Zürich · Wien: Das Beste, 1991, S. 12 f. – **163** Nach: Richter, Wolfgang: Die Länder des mittleren Amerikas – Kuba. In: Geographie Amerika. Berlin: Volk und Wissen Verl., 1991, S. 54 – **164, 165** Nach: Lewandowski, Theodor: Linguistisches Wörterbuch. Quelle u. Meyer, 1990, S. 1000 f. – **170** Böhmig, Franz: Obstgarten. In: Rat für jeden Gartentag. Leipzig · Radebeul: Neumann Verl., 1980, S. 111 – **171** Schippan, Thea u. a.: Übungstexte zur deutschen Gegenwartssprache. Leipzig: Bibliogr. Inst., 1983, S. 157

Abbildungen:

5 MAURITIUS – Grasser – **7** Fotoagentur Helga Lade / Bernutz, D. W. – **12** dpa Zentralbild, Berlin / Franke, K. – **14** BILDART – Helga Lade Fotoagentur – **16** MAURITIUS – Poehlmann – **18** THF – Helga Lade Fotoagentur – **23** Fotoagentur Zentralbild / Stefan Sauer – **24** MAURITIUS – Balzat – **27** MAURITIUS – Cash – **28** MAURITIUS – Starfoto – **31** Fotoagentur Helga Lade / Voss, J. M. – **32** MAURITIUS – **33** Tietze, A. – **38** Bundesarchiv, Koblenz – **46** Diaphor / SUPERBILD Berlin – **47** MAURITIUS – Schmidt-Luchs – **51, 117, 159** AKG, Berlin – **53, 152** Bildarchiv VWV – **55** dpa Zentralbild, Berlin / Keystone – **57** © VG Bild-Kunst, Bonn 1996 – **58, 148** Fotoagentur Helga Lade / Boldt, H.-J. – **59** SUPERBILD / Bach, E. – **61** SUPERBILD / Jones – **69** Andreas Pache / SUPERBILD Berlin – **70** Fotoagentur Helga Lade / MAN – **72** SIPA / SUPERBILD Berlin – **73, 78, 112, 113** INTERFOTO / Archiv – **77, 140, 153** Fotoagentur Helga Lade / Flac – **86** Pete & Pete / Helga Lade Fotoagentur – **92** MAURITIUS – Enzinger – **95, 101, 116, 165** Fotoagentur Helga Lade / BAV – **100** Döring, V. – **102** Bildarchiv VWV / Gebauer – **104** BILDART – **120, 121, 124** Graf, J. – **128** Fotoagentur Helga Lade – **143** Peitsch, P. – **145** Fotoagentur Helga Lade / Reupert, L. – **146** Karger-Decker / INTERFOTO – **154** INTERFOTO / Röhnert, H. – **156** Fotoagentur Helga Lade / Welsh – **158** Borchardt, B. – **162** AKG, Berlin / Werner Forman – **163** Fotoagentur Helga Lade / Nico – **166** Dr. Nowak / Helga Lade Fotoagentur

Wir danken den Rechteinhabern für die Abdruckgenehmigung. Da es uns leider nicht möglich war, alle Rechteinhaber zu ermitteln, bitten wir, sich gegebenenfalls an den Verlag zu wenden.

Sachwortregister